L'ORDRE DU JOUR

RÉPUBLIQUE

ou

MONARCHIE

PAR

NOËL VÉJAL

PARIS

LIBRAIRIE SAINT-JOSEPH

TOLRA, LIBRAIRE-ÉDITEUR

68, RUE BONAPARTE, 68

—

Tous droits réservés.

L'ORDRE DU JOUR

RÉPUBLIQUE

OU

MONARCHIE

PAR

NOËL VÉJAL

PARIS

LIBRAIRIE SAINT-JOSEPH

TOLRA, LIBRAIRE-ÉDITEUR

68, RUE BONAPARTE, 68

—

Tous droits réservés.

L'ORDRE DU JOUR

RÉPUBLIQUE

ou

MONARCHIE

IMPRIMERIE L. TOINON ET Cᵉ, A SAINT-GERMAIN.

L'ORDRE DU JOUR

RÉPUBLIQUE

ou

MONARCHIE

PAR

NOËL VÉJAL

PARIS

LIBRAIRIE SAINT-JOSEPH

TOLRA, LIBRAIRE-ÉDITEUR

68, RUE BONAPARTE, 68

1871

L'ORDRE DU JOUR

RÉPUBLIQUE

ou

MONARCHIE

I.

La question à l'ordre du jour.

La France doit-elle être Républicaine ou Monarchique? — Telle est la question que nous allons aborder, question délicate et brûlante, qui prime toutes les autres, qui s'impose à tous les esprits, qui provoque tant de solutions opposées, tant de contradictions véhémentes, et qui soulève tant de furieux orages dans le ciel rarement serein de la politique.

La France est maintenant maîtresse d'elle-même. — Paris a bien pu renverser, sans efforts et sans tirer un coup de fusil, le Gouvernement impérial, si fatal au pays; mais il n'a pu, cette

fois, reprenant, au bénéfice des passions révolutionnaires, le système des candidatures officielles,
peser sur les déterminations de la France, et
fausser l'instinct conservateur auquel le corps
électoral a obéi, le 8 février dernier, d'une si
remarquable manière. — Paris, plein d'orgueil
et de mobilité; Paris qui s'attribue le droit de
penser pour la France, parce qu'on lui a dit et
répété qu'il en était la tête; Paris n'a pu asser-
vir la France comme autrefois, et le dépit, la
colère n'ont pas peu contribué à rendre possible
cette horrible lutte qui a eu pour témoin la Prusse
victorieuse; cette lutte parricide et vraiment infer-
nale, qui aurait eu pour résultat, si l'insurrection
eût pu triompher, d'achever, par un dernier
coup frappé par des Français, la France, blessée
seulement par les Prussiens; cette lutte sans
exemple qui révèle et la dépravation profonde
d'une grande partie des classes ouvrières, et la
dissolution du patriotisme le plus élémentaire,
suivant de près la dissolution de tout principe
religieux et moral.

La France n'est constituée que d'une manière
provisoire; elle n'a qu'un régime de transition,
un régime précaire qui ouvre la lice aux partis
extrêmes, et qui l'expose, tous les jours, aux
éventualités les plus terribles; elle n'a pas pris
de parti définitif; elle n'a pas encore enchaîné
sa liberté ni statué sur son avenir. — Elle se
recueille, elle interroge l'horizon, elle cherche
à s'orienter, avant de mettre sa voile au vent.

Puisse-t-elle bientôt retrouver sa boussole et son étoile ! Elle se demande anxieusement, après tant d'expériences faites , après tant d'essais tentés, quel est le pouvoir qui doit la régir, et de quelle forme gouvernementale elle peut espérer l'ordre, la liberté, le bonheur.

C'est la question qu'à notre tour nous allons entreprendre de résoudre ; c'est une question capitale, qui intéresse, au plus haut degré, l'œuvre de notre rénovation, et dans laquelle on ne saurait apporter trop de réflexion, de bonne foi, et aussi de courageux patriotisme ; car il faut dire hardiment ce que l'on croit le meilleur, au risque de hourter les antipathies, les préjugés, et cette opinion publique que la puissance du journalisme a trop souvent détournée de son cours normal, au profit des ambitions égoïstes et malsaines, et des haines adroitement distillées.

II.

Les leçons de l'expérience, et les défauts des honnêtes gens, en matière politique.

Voyons ce qu'il nous faut ; voyons ce qu'il ne nous faut pas. — Et surtout, prenons garde de nous tromper, de nous déterminer pour un parti qui nous ramènerait dans la voie funeste de nos douloureuses et cruelles expériences. — Recommencer nos expériences ! Quoi ! ce ne serait pas encore assez que trois générations s'y soient usées, pendant quatre-vingts ans ! Il nous en faudrait encore, et il se trouverait des citoyens assez dépourvus de raison et de patriotisme, pour nous lancer de nouveau, « avec un cœur léger, » dans une voie inconnue, où la sécurité ne nous serait pas garantie ! Il se trouverait des conseillers assez incorrigibles dans leur entêtement, pour confier nos destinées à un système qui n'a pas fait ses preuves, ou qui les a trop faites pour le malheur de la société, — sauf à la France à mourir, et à ces messieurs à reconnaître, mais trop tard, qu'ils se sont trompés !

Non, n'abandonnons plus la France, malade et blessée, aux mains inexpérimentées des carabins de la politique, ni aux mains rapaces et mercenaires des charlatans et des ambitieux, non plus qu'à l'aveuglement et à la témérité de ceux qui n'ont rien appris et rien oublié. Ne laissons plus les systèmes de fantaisie s'essayer sur le corps social jusqu'à ce que mort s'ensuive. Comment qualifierait-on le médecin qui se livrerait, à la légère, à de graves expérimentations sur le corps humain, et qui s'entêterait à les répéter, malgré les funestes conséquences dont elles auraient été suivies?

En fait d'expériences, nous devons être assez riches, ou nous serions bien difficiles; nous avons expérimenté tous les Gouvernements et tous les régimes. — Mais ce qui nous a empêchés de profiter des leçons de l'expérience, c'est l'oubli des enseignements qui nous ont coûté le plus cher. Nous ne réfléchissons pas assez, et nous oublions trop vite. Nous vivons et agissons sous l'impression du moment. Nous ne sommes sensibles qu'aux derniers maux dont nous avons souffert, à la dernière expérience que nous avons faite. On l'a dit avec vérité : nous traitons sérieusement les choses légères, et légèrement les choses sérieuses. Nous portons des jugements faux, incomplets, précipités, entachés de partialité et d'exagération, parce que nous ne voyons qu'une face des questions qu'il nous faut résoudre. Quand donc apporterons-nous, à l'égard des grandes affaires publiques, des intérêts suprêmes de la société, la prudence réfléchie et l'étude sérieuse que nous apportons dans la direction de nos moindres affaires privées? Nous ne nous fions pas alors à nos propres lumières, nous n'abandonnons rien au hasard, à l'aventure, à la précipitation. Et pour les grands problèmes politiques, les difficiles questions sociales, nous n'avons besoin de personne ; nous nous en rapportons à notre premier mouvement, au premier charlatan politique ; nous écoutons surtout « les pêcheurs en eau trouble, » ceux qui attaquent et dénigrent, ceux qui trompent sciemment et calomnient par métier, ceux qui font de la politique une spéculation, ceux dont la plume distille du venin, caresse les passions, provoque la haine et la colère. Nous n'avons souvent, au contraire, que du dédain pour ceux qui éclairent et défendent, pour ceux qui allument, au soleil des grands principes, le flambeau qui doit illuminer notre route. Dès qu'il ne s'agit que des grandes questions sociales, tout le monde, l'homme même le moins éclairé, se trouve, sans préparation, avoir toutes prêtes des solutions que l'amour-propre défend ensuite avec acharnement, sans être retenu par les appréhensions de l'intérêt privé. Faut-il s'étonner que nos crises soient si fréquentes, puisque nous remplissons si mal nos devoirs de citoyens, et que nous rendons des jugements qui pèchent contre toutes les lois de la logique?

Nous ne voyons aussi, trop généralement, que la superficie des choses; nous nous arrêtons à l'étiquette, et nous ne prenons pas assez la peine de vérifier ce qu'elle recouvre. Nous manquons d'esprit de contrôle, de défiance, et nos déceptions ne nous ont pas encore corrigés. — Nous nous laissons prendre avec des phrases comme les mouches avec du miel. — Nul peuple, plus que nous, ne subit le prestige des mots ; les mots sont des fascines derrière lesquelles l'ennemi peut, à son aise, installer ses batteries. L'enthousiasme, ou le découragement, l'emporte souvent chez nous sur la raison.

Souvent aussi, les honnêtes gens manquent de sens politique, parce qu'ils manquent de sens moral en politique ; leur vue est troublée par la fumée des doctrines spécieuses, éblouie par les programmes pompeux et menteurs ; ils ne reconnaissent pas le mal et l'erreur, parce que les agents de l'erreur et du mal, comme les faux-monnayeurs, les ont recouverts de quelques parcelles de bien et de vérité; les honnêtes gens sont assez disposés à indulgencier le mal, à gourmander ceux qui le combattent; ils ne le reconnaissent que quand ils ont à en souffrir eux-mêmes, que quand il est arrivé, par leur sotte indifférence et par leur complicité, au moins négative, à un degré de puissance qui rend sa défaite longue et pénible. Les honnêtes gens, enfin, politiquement parlant, ne sont pas toujours honnêtes gens. — Leur clairvoyance, le plus ordinairement, fait autant défaut que l'énergie de leur attitude; les horribles événements de Paris, qu'ils n'ont pas su prévenir ou empêcher, quoique les armes ne leur manquassent pas plus qu'aux ennemis de l'ordre, en sont encore une preuve écrasante! — Quand donc sauront-ils voir clair, sauront-ils s'entendre, s'associer, et se défendre résolûment, quand besoin en sera?

Quelles conséquences redoutables ne sont pas résultées de ces incapacités et de ces fautes contre la logique et la raison! Quelles oscillations n'ont pas fait mouvoir la société en sens opposés! Ou bien, nous nous préoccupons exclusivement de constituer la liberté, et nous tombons dans l'anarchie, dans le désordre; ou bien, nous nous préoccupons exclusivement de constituer l'autorité, et nous aboutissons au despotisme, au servilisme, et nous nous préparons de nouvelles révolutions, de nouvelles crises sociales ; nous semblons, depuis quatre-vingts ans, condamnés à ne sortir du Charybde de l'anarchie que pour aller nous briser contre le Scylla de l'absolutisme, et *vice versâ*. Quand donc sortirons-nous de ce cercle vicieux ! Quand notre machine gouvernementale sera-t-elle munie d'un balancier régulateur et modérateur ! Quand la liberté et l'autorité, renfermées et maintenues dans leurs limites normales, et dans de justes mesures, ne seront-elles plus exposées à ces mouvements désordonnés qui se produisent aux dépens l'une de l'autre, et qui provoquent, en sens opposé, des réactions non moins violentes et non moins funestes ! Tant que la société ne sera pas constituée d'après les lois d'une bonne mécanique, tant qu'elle ne se mettra pas à l'abri des perturbations politiques, elle verra des oscillations furieuses succéder à des arrêts désespérants ; le baromètre sera toujours au variable, et souvent à la tempête, et le cadran social ne marquera jamais l'heure d'une félicité véritable, assurée d'une succession indéfinie d'heures semblables.

III.

Ce qu'il faut à la France, et ce qu'il ne lui faut pas. — Urgent besoin d'un Gouvernement réparateur.

Le moment que nous traversons est un moment solennel. Il faut que nous pourvoyions *vite et bien* aux besoins urgents de la France, et le premier de ces besoins, est un bon Gouvernement. — Que nous faut-il, ou plutôt que ne nous faut-il pas? — Il nous faut des principes, il faut nous régénérer moralement ; il nous faut la sécurité à l'intérieur non moins qu'à l'extérieur; il faut réparer les maux de la guerre; il faut nous préserver ou nous affranchir des maux intérieurs qui nous menacent ou qui nous dévorent. Il faut nous refaire du sang, guérir nos blessures profondes; il faut refaire notre système nerveux. Il nous faut du repos et un bon régime, car nous sommes une nation blessée et malade. Il nous faut des soins prompts et intelligents, pour être efficaces. Qu'il n'en soit pas de la France comme de beaucoup de ses enfants dans la dernière guerre! — Il nous faut la sécurité du lendemain. Il nous faut l'ordre; la confiance, qui naît de l'ordre, et qui, après que le temple de la guerre s'est refermé, peut seule rouvrir les portes de ce temple de la paix, qu'on appelle le travail. Il faut vite le remède, et le remède, s'il peut nous être indiqué par le mal, ne saurait se trouver dans le mal lui-même. — En politique, il ne faut pas faire d'homœopathie. — Il nous faut un pouvoir fort, mais paternel, qui inspire la confiance et le respect, mais sans exclure un contrôle sérieux et effectif; un pouvoir dont la force ne puisse dégénérer en despotisme. — Il nous faut un Gouvernement qui puise sa force dans sa raison d'être en lui-même et dans la nation ; un pouvoir qui ne soit pas une génération spontanée et éphémère, mais qui ait de puissantes racines dans le pays qui doit vivre sous son ombre. Il ne nous faut pas un Gouvernement qui arrive par l'intrigue, et ne puisse se soutenir que par le machiavélisme, le favoritisme et le servilisme. — Il nous faut un Gouvernement irréprochable dans son origine, et fort par la fusion de tous les partis honnêtes, de tous les conservateurs groupés autour de son drapeau, et offrant l'image d'une grande famille réunie autour de son chef et de son père. — Il nous faut un pouvoir dont la force soit surtout une force morale, afin qu'il soit dispensé de rechercher et d'accumuler, autour de lui, dans des proportions excessives, ces forces matérielles et factices qui ne se développent qu'aux dépens des libertés et des droits de tous.

Ce qu'il nous faut, c'est un Gouvernement vraiment national, en qui s'identifient et s'incarnent le génie, les besoins, les aspirations du pays ; un Gouvernement qui soit comme la résultante de toutes les forces nationales ; qui les dirige et les emploie, au lieu de les paralyser et de les stériliser ; qui préside aux destinées du pays, mais en associant largement le pays à la direction de ses affaires, par une décentralisation effective et sagement progressive ; qui assume le moins de responsabilité possible, sans abdiquer pourtant ses devoirs et ses droits. — Ce qu'il nous faut, c'est, en certains points, une imitation intelligente, mais

non servile, de la constitution anglaise; c'est
une représentation normale, réelle et sérieuse
du pays, une représentation sans candidatures
officielles, qui ne soit pas plus faussée par les
partis extrêmes que par le pouvoir, qu'elle doit
inspirer, éclairer, contrôler : — décentralisation
et représentation, l'une complétant l'autre; la
première devenant l'école de la seconde, et toutes
deux déchargeant le Gouvernement, l'empêchant de devenir absorbant, au préjudice de la
société et de sa propre considération, et facilitant sa marche, en allégeant le poids de son
écrasante responsabilité.—Ce qu'il nous faut, c'est
un Gouvernement qui réunisse les avantages des
diverses formes gouvernementales, grâce à une
synthèse heureuse et à un éclectisme judicieux. —
Ce qu'il nous faut, c'est que les ministères soient,
à la fois, les organes de l'autorité suprême, et
l'émanation de la représentation nationale. Alors,
comme en Angleterre, nous réduirons, en simples crises ministérielles, ces révolutions qui
s'attaquent, chez nous, au pouvoir souverain.
Ce dernier doit toujours résider dans la région
sereine du respect et de la sécurité. Il ne doit
rien avoir à redouter de nous, si nous ne voulons
rien avoir à craindre nous-mêmes de lui, si
nous ne voulons pas qu'il s'évertue à étouffer
nos libertés avec de grands mots, — sonores
comme tout ce qui est vide. —Il faut que l'autorité souveraine soit au-dessus des orages, pour
que la société soit à l'abri des tremblements de

terre politiques. Il faut qu'elle ait assez de puissance et d'initiative pour le bien social, mais
qu'elle rencontre des barrières assez résistantes
pour rendre impossible toute politique d'aventures, d'orgueil et de coups de tête.

Arrière les pouvoirs personnels, non moins
que l'anarchie !

Il faut que l'État soit constitué dans une
union véritable et féconde du Pouvoir et des
citoyens, et dans une stabilité qui s'harmonise
avec le progrès.

IV.

La Révolution et le droit divin.

Ce qu'il faut surtout, le nec plus ultra, c'est
une Constitution reposant sur les principes éter-
nels de la justice et du droit, et un Pouvoir com-
mandant le respect et l'obéissance au nom de
l'Auteur divin de l'homme et de la société.
La restauration sociale ne se fera qu'avec la restauration du principe et de la vraie notion de
l'autorité, que par le retour du divin dans l'humain. La vie sociale, le fonctionnement de cette
vie, le bonheur social exigent, non-seulement
l'union étroite du Pouvoir et des citoyens, mais
des rapports non moins étroits entre le Pouvoir et
Dieu. La société ne peut vivre sans autorité. Une
société organisée, mais c'est une société constituée
dans l'autorité. Or Dieu seul « est la souveraine

autorité, parce qu'il est le suprême Créateur » (1).
Et c'est parce que nous avons méconnu le principe générateur de toute autorité, que nous n'a-
vons plus connu que l'anarchie ou la tyrannie ;
nous sommes sortis de l'ordre, nous n'avons pu
trouver que le désordre et le malheur ; nous
avons prêté l'oreille à la voix de la Révolution ;
nous avons plus ou moins acclamé ses maximes
et fréquenté son école. Nous y avons oublié —
« que l'autorité est une transparence de Dieu
» dans l'homme » (2), pour ne la voir, avec ce
« génie obscur qui fait le tour du monde pour y
» jeter les ténèbres » (3), « qu'incarnée dans la
» force, force du glaive, force du soldat, force du
» canon , force du nombre , force des opi-
» nions victorieuses et des conspirations triom-
» phantes »\(4). En attaquant l'autorité par sa
base, par sa racine divine, nous avons fait la
fortune de « ces théories dégradantes qui inau-
» gureraient de nouveau, dans le monde, l'em-
» pire de la force brute, et ramèneraient, dans
» l'humanité, l'universelle barbarie par l'univer-
» sel despotisme d'un côté, et par l'universelle
» servitude de l'autre » (5). En faisant le mal de
l'autorité, nous avons fait le mal de la liberté, le
mal de la société. Insensés que nous sommes,

(1) Le P. Félix, *Carême de 1870.*
(2) Le P. Félix, *Carême de 1870.*
(3) Le P. Félix, *Carême de 1870.*
(4) Le P. Félix, *Carême de 1870.*
(5) Le P. Félix, *Carême de 1870.*

quand nous nous acharnons à dépouiller l'autorité de son caractère divin, quand nous ne voulons plus voir en elle que de l'humain tout pur !

Nous n'avons plus qu'une faiblesse chancelante et aveugle, au lieu d'une force soutenue par des supports divins, éclairée par des principes divins; un simulacre qui prête à rire, au lieu d'une réalité qui appelle le respect. Comme le veau d'or, érigé par les Israélites dans le Désert, l'autorité, alors, n'a d'autre droit que notre bon plaisir, puisqu'elle nous doit à nous seuls son existence. C'est une autorité renversée, à laquelle nous espérons bien commander ; mais cette autorité, que nous voulons rendre commode, au lieu d'être le jouet de nos caprices, cherchera bientôt le moyen de faire de nous, à son tour, les jouets de ses fantaisies, les instruments de ses ambitions, et les victimes de ses passions et de son égoïsme. — Non, non « nul » homme, en tant qu'homme seulement, n'a le » droit de commander à l'homme » (1). « Il » croirait pouvoir être l'auteur de la souve- » raineté, lui qui ne peut créer un brin de » mousse ! » (2) — Quand la Révolution travaille à abaisser l'autorité, elle abaisse l'homme du même coup, elle méconnaît et ravale sa grandeur et sa dignité. « Homme, je rougirais de

(1) Le P. Félix, *Carême de 1870.*
(2) Le comte de Maistre.

» n'obéir qu'à l'homme ; c'est ma grandeur de
» respecter le divin » (1).

Ne venez donc plus nous parler de la déchéance
du droit divin, politiques aveuglés par vos haines
antireligieuses, qui avez un pied dans la
Révolution et l'autre dans l'athéisme. Au lieu
de le laisser davantage ébranler, tâchons de
le mieux comprendre, et de dissiper les malentendus d'où viennent la plupart de nos erreurs les plus graves. — L'erreur, habilement
exploitée par la révolution, vient ici de ce
que l'on confond, sans y prendre garde, l'autorité et ses dépositaires, la souveraineté et
les souverains, la fonction et l'homme qui la
remplit. — Partout ailleurs que dans l'É-
glise, « les autorités, bien qu'émanant de
» Dieu, comme origine et cause première de
» toute autorité, n'en dérivent *pas immédiate-*
» *ment;* elles ne sortent pas d'un acte essen-
» tiellement divin ni d'une intervention *directe-*
» *ment* divine. La main de Dieu y est sans
» doute, mais voilée, et en quelque sorte retirée
» derrière la cause seconde, qu'elle fait ou laisse
» agir comme elle veut... Dans l'ordre social,
» l'autorité, divine par sa source, dérive dans
» celui qui la reçoit, par un intermédiaire, qui,
» de sa nature, n'a rien de divin » (2), qui est
« organe transmissif de l'autorité, mais non pas
» elle-même. »

(1) Le P. Félix, *Carême de 1870.*
(2) Le P. Félix, *Carême de 1870.*

Cessons donc, une bonne fois, de nous effaroucher du droit divin ; comprenons-le chrétiennement ; souvenons-nous qu'il n'y a aucun droit réel qui ne doive présenter un cachet divin, aucune loi humaine qui ne doive se rattacher à la loi morale décrétée par Dieu, et que la guerre que nous faisons au droit divin, — tel qu'il doit être entendu, — est une guerre contre tout droit, tout devoir, contre toute liberté non moins que contre toute autorité. — Ne faisons, des mandataires de l'autorité, ni des Dieux, ni des hochets! La Religion n'a condamné aucune forme de Gouvernement; elle peut vivre en bonne intelligence avec toutes; disons-le bien haut, pour répondre à ces attaques perfides dont la Religion est l'objet, et dont la politique est le prétexte ou l'occasion. Le droit divin peut être invoqué par une République comme par une Monarchie : il n'y a point de forme gouvernementale révélée, prescrite ou condamnée par Dieu. Le droit divin n'est, en aucune façon, un piédestal de despotisme; loin de là, et à défaut de toute autre barrière, c'est lui qui limite et refrène, par les règles qu'il impose à l'exercice de l'autorité, les pouvoirs qui tendent à l'absolutisme; c'est lui qui, mieux que Popilius devant Antiochus Épiphane, les enferme dans un cercle dont ils ne peuvent sortir sous peine de forfaire aux lois supérieures du Dieu dont ils se disent les représentants. — Le droit divin n'est pas davantage la condamnation de la souveraineté nationale, telle qu'elle doit être entendue, ni de la représentation nationale, par laquelle elle doit s'exercer d'ordinaire. Il faut seulement éviter les interprétations fausses ou exagérées, et ne pas confondre « l'investiture divine » (1), la délégation de l'autorité, avec le mode de choisir et de désigner ceux qui recevront cette délégation et cette investiture.

Mais cette diversité, que l'organisation des sociétés présente à travers les siècles et à travers l'espace, et qui est la conséquence naturelle des différences de leur civilisation, ne constitue pas non plus un droit, pour chaque peuple, de changer indéfiniment de régime et de pouvoir. La souveraineté nationale ne signifie pas « que
» chaque individu soit souverain ; — parce que
» chaque individu est soumis, d'abord, à la loi
» qui l'oblige à vivre en société, et, par suite, aux
» lois que cette société s'est données à elle-même,
» ou qu'elle a acceptées. Il ne peut donc ni
» prétendre modifier la société à sa guise ni
» s'insurger contre ses lois. L'individu, sous ce
» rapport, est sujet et non souverain. Il ne faut
» pas dire non plus que la majorité a le droit de
» décider ce qu'elle veut, et de le rendre juste
» en l'approuvant, parce que le souverain, quel
» qu'il soit, est subordonné aux lois divines,
» et ne peut rendre juste ce qui ne l'est pas (2). »

(1) Le P. Félix, *Carême de 1870.*
(2) M. Foucart, doyen de la faculté de droit de Poi-

N'allons donc pas, sous prétexte de souveraineté nationale, établir et proclamer le droit à l'insurrection, le droit de défaire et de reconstituer sans cesse. Ce n'est pas la nation qui se livre à ces entreprises; ce n'est pas de son consentement dont s'inquiètent les démolisseurs et les fanatiques, pour accomplir leurs sinistres projets; c'est d'eux-mêmes et sans mandat qu'ils agissent, et le crime qu'ils commettent est double : il attaque la société non moins que le pouvoir. — Car le pouvoir, une fois constitué, n'accepte pas seulement des devoirs, mais reçoit des droits correspondants; sans ces droits, il ne pourrait remplir ses devoirs; ces droits sont aussi sacrés que l'intérêt social en vue duquel ils sont conférés. — Ces droits appellent des devoirs d'obéissance et de respect, qu'un Gouvernement ne laisse jamais enfreindre qu'aux dépens de la société. Ces devoirs obligent en conscience, comme tous les devoirs; — les droits du pouvoir et de l'autorité, comme tous les droits, ont en Dieu leur consécration, et l'on peut encore ici, à juste titre, invoquer le droit divin : *car il n'y a point de droit sans Dieu, il n'y a point de société sans pouvoir, et il ne peut y avoir de pouvoir sans droits.*

Ah ! s'il est utile de rappeler ces vérités, c'est dans le temps actuel, où elles sont si pro-

tiers. — *Éléments de droit public et administratif*, 1er volume.

fondément méconnues, grâce à l'esprit de ré-
volte, soufflé, depuis quatre-vingts ans, sans
interruption, et à la propagation des doctrines
révolutionnaires qui nous poussent au néant, et
qui n'ont que l'ambition et la puissance de la destruction. — Le révolutionnarisme ne connaît que
des fantômes d'autorité; les chefs qu'il se donne
aujourd'hui, il prend plaisir à les briser demain;
ils ne sont que les très-humbles serviteurs et
les esclaves de ses caprices mobiles. L'histoire de
nos quatre-vingts dernières années est là pour
confondre ses sophismes; et, si la démonstration
n'était pas encore assez complète ou était oubliée,
Paris, qui vient d'être soumis à ses lois, suffirait,
je l'espère, pour nous dégoûter des doctrines révolutionnaires, des pouvoirs révolutionnaires, et
nous édifier sur la constitution de l'autorité,
en dehors de tout droit divin.

V.

Le pouvoir chrétien et les pouvoirs révolutionnaires. — Le droit et la force.

Non, ne retombons pas dans les fautes d'un
long passé; que le pouvoir qui nous régira soit
un pouvoir chrétien, s'appuyant sur Dieu, pour
comprendre et pour remplir dignement les
grands devoirs de l'autorité souveraine, rendus
plus difficiles par l'accumulation des erreurs, des

fautes, et des ruines de toutes sortes. — Pour échapper au droit de la force, il faut qu'il soit la force au service du droit, il faut qu'il rappelle le divin dans l'humain.

Il faut qu'il ne porte point en lui un vice originel ; qu'il ne sorte pas d'une violence révolutionnaire, d'une de ces insurrections populaires, où une poignée de misérables, lancés par des hommes sans conscience, au nom de l'intérêt national prétendu, viennent faire échec à la nation entière, et se prétendre effrontément ses interprètes fidèles, et ses serviteurs dévoués. Depuis quatre-vingts ans, nous n'avons eu, sous prétexte des droits du peuple, que des mandataires sans mandat, des Gouvernements de surprise, et des escamotages du pouvoir suprême.

Il faut que l'origine de notre pouvoir soit pure ; il ne faut pas qu'on puisse lui dire, s'il est un jour obligé de se défendre : « Tu nous » appelles des conspirateurs, mais toi-même qui » es-tu donc ? — Si nous sommes les plus » forts, si nous venons à triompher, en quoi » différerons-nous de toi ? » Car, dans l'école révolutionnaire, le fait, c'est le droit ; le droit, c'est la réussite. — Cette doctrine, qui veut passer pour la doctrine du progrès, n'est qu'une doctrine de barbarie, car elle est la doctrine du succès, l'apologie de la violence, et la justification de la force brutale.

Une parole nous a fait un jour tressaillir

d'indignation, c'était celle-ci : « La force prime le droit. » — Cette parole, que nous ne voulons pas entendre venant de l'extérieur, souffrirons-nous qu'on nous la répète sur tous les tons à l'intérieur? Et croyons-nous que les fruits qu'elle portera au dedans, pourront nous dédommager des maux qu'elle nous a faits en venant du dehors? — Ici encore, que nos récentes expériences nous éclairent et nous dirigent, en confirmant des expériences plus anciennes. Repoussons énergiquement ces funestes théories du fait accompli; reléguons-les loin de nous, en compagnie de celle des grandes agglomérations.

Disons que nous ne voulons plus de ces pouvoirs sans principes, ou à principes équivoques, dont l'intérêt du moment est le seul mobile, la seule loi, le seul principe; — de ces pouvoirs à tendance païenne, s'élevant adroitement sur les ruines de tout droit divin, devenant nécessairement despotiques et arbitraires, puisqu'ils ne commandent qu'au nom de l'homme seul, à des hommes bientôt frémissants sous leur joug; — de ces pouvoirs qui se font centre et circonférence; — disons que nous ne voulons plus de ces pouvoirs d'aventures, liés par des compromis révolutionnaires, ou enchaînés par les services de sectes occultes, qui tendent une main menaçante pour recevoir le salaire promis à leur concours désastreux. Cherchons un Gouvernement capable d'éviter les écueils qui attendent le vaisseau social, et qui ne ressemble plus, comme nos précédents, à un chef d'équipage révolté. — La société est comme inondée d'un déluge d'erreurs et de maux; il est temps que nous trouvions, pour nous abriter contre les colères du ciel et les folies des hommes, une arche de salut et un pilote sûr et dévoué. Il est grand temps que nous allions vers un Gouvernement qui soit, en tous points, selon l'expression du P. Lacordaire, « une intelligence, une puis-» sance et un amour supérieurs » mis au service de la société.

Voilà, il me semble, en ses traits essentiels, la physionomie du Gouvernement que nous devons appeler de nos vœux les plus ardents ; voilà les principales aspirations de la France, épuisée par ses malheurs, abattue par les déceptions qui ont remplacé ses rêves. — Comme Salomon, que la France demande à la sagesse des inspirations et des lumières, et comme Salomon, elle pourra bientôt s'écrier dans la joie : « Avec la sagesse, » tous les biens me sont venus à la fois! »

VI.

Le régime, pour être bon, doit convenir au tempérament politique de la France. — Danger des théories pures.

Que la sagesse, fille de la raison et de l'expérience, après nous avoir indiqué les principaux caractères d'une souveraineté capable d'entreprendre et de poursuivre la grande œuvre de notre régénération et de notre reconstitution, nous éclaire maintenant dans le choix d'une forme gouvernementale.

Il ne s'agit pas, d'abord, d'une forme gouvernementale, purement théorique, pouvant seulement convenir à une société dont les éléments n'existeraient que dans notre cerveau. — « J'ai vu, dit le comte de Maistre, des hommes dans ma vie; j'ai vu des Français, des Italiens, des Russes, etc.; mais quant à l'homme, je déclare ne l'avoir jamais rencontré. » Ce n'est pas, en effet, pour des hommes façonnés selon nos idées que nous cherchons à résoudre le problème; c'est pour des hommes ayant des physionomies déterminées, un naturel que nous ne changerons pas sitôt, supposé même que nous puissions le modifier, et que nous ne pourrons, en tout cas, modifier, à la longue, qu'en un certain nombre de points et d'individus; — c'est pour des hommes ayant un génie propre, des traditions à part, un niveau moral, des aptitudes et des besoins politiques différents de ceux des autres peuples, et correspondant aux événements qui se sont succédé chez ce peuple, et à la distance qu'il a parcourue depuis son point de départ; — c'est pour des hommes ayant des défauts et des qualités qui se fondent, en de certaines proportions, pour composer leur caractère national; — ce n'est point pour des Américains, des

Anglais ou des Suisses : c'est pour des Français.

Ce n'est pas pour des hommes venus de toutes les contrées de l'Europe, réunis depuis hier, fondant de petits États qui ont fait alliance entre eux, et qui se sont appelés les États-Unis ; ce n'est pas pour des hommes éparpillés sur un sol immense, qui réclame des bras et n'attend que des propriétaires ; — c'est pour des Français, agrégés depuis quatorze siècles, et formant une société toujours plus compacte et plus homogène, où la Monarchie d'abord et lentement, la Révolution ensuite et brutalement, ont réuni et fondu les unités provinciales en une seule grande unité nationale ; — c'est pour une société limitée dans des frontières trop étroites pour sa population, où la qualité de propriétaire est plus difficile à acquérir. — Ce n'est pas enfin pour un petit État : c'est pour un grand peuple de 36,000,000 d'individus.

C'est à l'intérêt bien entendu des peuples qu'il faut peser le mérite des Gouvernements. On l'a dit depuis longtemps, plus souvent qu'on ne l'a pratiqué : ce ne sont pas les peuples qui sont faits pour les Gouvernements, ce sont les Gouvernements qui sont faits pour les peuples. — Le problème ne se résoudra bien que quand, *tenant compte des conditions dans lesquelles nous sommes placés*, nous chercherons une *forme gouvernementale qui s'adapte, aussi bien que possible, à la forme sociale*, et qui réponde, non-seulement aux besoins généraux et com-

muns des sociétés, mais aux besoins particuliers
et spéciaux de la société française. — En pareille
matière, qui ne fait que de la théorie est bien
exposé à tomber dans l'utopie. Prenons garde,
— et c'est encore là un de nos défauts, — de
faire de la politique comme nous faisons trop
souvent de l'histoire, de nous laisser aveugler
par la partialité, par les préjugés, par nos *desiderata* individuels : en un mot, par l'esprit de
parti et par l'esprit de système, qui divisent, qui
pulvérisent la France politique, grâce à l'action
incessante d'une presse exclusive et passionnée,
plus préoccupée généralement du succès des
partis que du bien du pays.

Nous ne réfléchissons pas assez qu'il ne
peut y avoir un seul moule pour le Gouvernement de tous les peuples; que toutes les formes
gouvernementales sont, à la fois, bonnes et
mauvaises, parce que leur bonté n'est que relative; que telle forme, heureuse pour tel
pays et pour tel temps, serait détestable pour
un autre pays ou pour une autre époque. —
Non, ce n'est pas avec des théories pures qu'il
faut essayer de constituer un peuple; c'est ici
surtout qu'il faut de la science appliquée; la
science du Gouvernement réclame impérieusement la science du cœur humain, et les théories
ne doivent se produire qu'escortées, démontrées
et justifiées par la raison et l'expérience, unies
au plus pur et au plus désintéressé des patrio-
tismes. « La politique, dit fort judicieusement le

» comte de Maistre, est comme la physique; il
» n'y en a qu'une de bonne, c'est l'expérimen-
» tale » (1). — On nous entretient sans cesse
de certains pays étrangers, et on nous signale
leurs modes de Gouvernement comme des types
que nous devrions, sans retard, imiter. — Dé-
fions-nous de ces systèmes, dont la distance nous
empêche d'apercevoir les défectuosités, et dont
la prétendue perfection n'est, souvent, qu'un
mirage. — L'homme, en général, est ainsi fait,
et le Français, en particulier, qu'il est enclin à
se fatiguer de ce qu'il possède, à désirer ce qu'il
n'a pas, et à s'engouer de tout ce qui lui vient
de l'étranger. Cette tendance au changement,
cet enthousiasme de l'inconnu nous ont fait trop
de mal religieux, philosophique et politique, dans
notre siècle et dans le siècle dernier, pour que
nous suivions encore à la légère leurs entraînements, surtout quand nous ne sommes pas en
présence, seulement, de quelque détail acces-
soire, mais des assises et de la charpente mêmes
de l'édifice social. — Les erreurs et les fautes
ont, ici, une portée et des conséquences incal-
culables. — Profitons, sans doute, de l'expérience des autres, mais croyons surtout à notre
expérience personnelle, puisqu'il s'agit, non pas
du Gouvernement d'autrui, mais de notre Gouvernement à nous. Ici encore, soyons nous-
mêmes, soyons Français. — « Qu'est-ce qu'une

(1) *Lettres et opuscules.*

» constitution? dit encore M. de Maistre. N'est-
» ce pas la solution du problème suivant : étant
» données la population, les mœurs, la religion,
» la situation géographique, les relations poli-
» tiques, les richesses, les bonnes et mauvaises
» qualités d'une certaine nation, trouver les lois
» qui lui conviennent .... Une constitution qui
» est faite pour toutes les nations, n'est faite
» pour aucune » (1). — Les constitutions sont
les formules des régimes des peuples, et ces régimes doivent être en rapport d'harmonie avec
le tempérament intellectuel, moral et politique
de chacun d'eux.

VII.

**Il n'y a point de Gouvernement absolument parfait. —
Un bon Gouvernement est impossible avec un mauvais peuple.**

En cherchant ce régime, pénétrons-nous de
cette vérité, que nous n'en trouverons aucun qui
réalise la perfection absolue. La perfection ne
connaît pas cette terre ; elle n'est pas dans les
hommes, elle ne saurait être dans leurs Gouvernements. Les meilleurs Gouvernements ne peuvent donc être que les moins imparfaits ; — et si
la Révolution était le droit de renverser les Gouvernements à cause de leurs imperfections, elle

(1) *Considérations sur la France.*

devrait, pour l'honneur de sa logique, comprendre alors, dans son programme de destruction, non pas telle ou telle forme, mais toutes les formes de Gouvernement, toutes les institutions humaines, toutes les sociétés, en un mot, l'humanité entière.

Pénétrons-nous d'une seconde vérité, trop généralement perdue de vue, c'est que les bons Gouvernements ne se fondent pas seulement au moyen d'une constitution plus ou moins parfaite; leurs qualités effectives ne dépendent pas moins de ceux qu'ils régissent que de ceux qui sont appelés à régir; leur bonté se mesure au niveau moral qu'ils rencontrent, et le progrès des institutions est subordonné aux progrès qui s'accomplissent dans les mœurs privées et publiques. « Les bons principes sont stériles quand ils ne » se trouvent que dans la loi, et non dans le » cœur de ceux auxquels ces lois sont destinées » (1). Un bon Gouvernement est impossible avec un mauvais peuple. « Toute nation, » dit profondément le comte de Maistre, a le » Gouvernement qu'elle mérite. » — Si les mauvais peuples sont la punition des mauvais Gouvernements, les mauvais Gouvernements sont la punition des mauvais peuples. — Ne cherchons donc pas uniquement le bonheur social dans quelque forme de Gouvernement, savante et perfectionnée; mais appliquons-nous à nous rendre

____

(1) M. Foucart, *Éléments de droit public et administratif.*

dignes du grand bien que nous poursuivons; et quand nous serons arrivés au terme de nos désirs, prenons garde, en retombant dans nos égarements politiques, et en persistant dans nos habitudes antimorales et antisociales, d'amoindrir les résultats de notre nouvelle constitution, et d'en raccourcir la durée. Enfin, quand nous avons trouvé le Gouvernement qu'il nous faut, tâchons de nous y tenir et de le conserver!

VIII.

Le tempérament politique de la France n'est pas Républicain.

Ce Gouvernement que nous cherchons, est-ce à la forme républicaine que nous devons le demander? Nous répondrons franchement : Non. Et nous prierons les républicains honnêtes et sincères de ne pas nous en vouloir de cette réponse, qui contrarie leurs affections politiques. Nous leur ferons observer que nous n'entendons pas condamner, en principe et à priori, l'objet de leurs prédilections; que nous ne voulons pas dire du tout que la forme républicaine soit nécessairement et intrinsèquement mauvaise. Nous leur dirons que si la France nous paraissait mûre pour la République, que si cette forme de Gouvernement nous semblait la mieux appropriée à la France, et ne dût lui être fatale, nous n'aurions aucune objection à y faire, et nous serions tout disposé à lui apporter le concours de notre dévouement, car nous n'avons, Dieu merci, aucun esprit de parti; nous n'avons qu'un seul mobile, et une seule pierre de touche de nos préférences : l'amour de la France, ses véritables intérêts, et l'ardent désir que nous éprouvons de la voir enfin délivrée de ses convulsions périodiques et bientôt séculaires, dont le renouvellement ne pourrait aboutir qu'à une catastrophe finale.

Nous l'avons dit : les formes de Gouvernement n'ont qu'une bonté relative. Nous dirons aux républicains honnêtes, à ces républicains qui conçoivent une République régie par des principes, et respectant tous les droits : Interrogez notre histoire, rappelez vos souvenirs, regardez autour de ·vous, voyez ce dont nous avons été et ce dont nous venons d'être les témoins, — et puis, la main sur la conscience, faisant passer l'amour de la patrie avant l'esprit de système, dites si vous croyez, fermement et sincèrement, si vous êtes certains, — c'est de la certitude qu'il nous faut aujourd'hui, — que la France trouvera, dans la République, le Gouvernement dont nous avons esquissé le portrait, — et le régime réparateur dont l'indispensable nécessité n'a pas besoin de démonstration. Dites si vous croyez que la République, au lieu d'être cultivée comme un idéal poétique, doit quitter la région où dort encore la République de Platon, pour devenir une réalité sociale? — Avons-nous les éléments d'une bonne République, avons-nous un niveau moral assez élevé, des mœurs politiques assez développées, en un mot, sommes-nous dans les conditions qui rendent possible et sans danger la forme républicaine? — Si la République, par elle-même, ne nous jette pas dans le chaos, ne sera-t-elle pas, immanquablement, l'occasion d'entreprises criminelles et de bouleversements désastreux, qui prépareront les voies à une nouvelle dictature? — N'avons-nous pas à craindre que la nouvelle République ne soit suivie du cortége effrayant qui accompagna ses aînées ? Avons-nous fait beaucoup de progrès, dans les vertus sociales, depuis que nos Républiques ont succombé par suite de leurs excès, et sous les coups d'État des deux Napoléon?

Une bonne République n'est possible qu'avec de bons républicains, et dans un pays où la grande majorité des citoyens est acquise à la forme républicaine. Or, si nous examinons bien les tendances, si nous supputons les nombres, si nous exigeons des professions de foi sérieuses et complètes, pourrons-nous affirmer que la France est réellement républicaine, et que les bons républicains sont incomparablement plus nombreux que les mauvais?

Ce n'est pas avec quelques années de République qu'un peuple devient foncièrement républicain; qu'il rompt, définitivement et sans retour, avec ses vieilles traditions, avec un long

passé de quatorze siècles de Monarchie. — C'est l'erreur des hommes de croire trop facilement ce qu'ils désirent ; c'est l'erreur des innovateurs impatients, de se persuader qu'un peuple change de forme gouvernementale comme l'on change de manteau ; une longue habitude devient une seconde nature, et un tempérament monarchique, formé par un régime de quatorze siècles, ne peut, de sitôt, se transformer en un tempérament républicain. — On ne change pas les hommes, et surtout les peuples, par des décrets et des proclamations, et on ne leur inocule pas non plus, instantanément, les vertus, les forces et les qualités qui sont indispensables au bon fonctionnement d'une République. « Toutes les modifications (gouver-
» nementales), pour être utiles et durables, ne
» doivent être que la transformation en loi, des
» besoins et des vœux populaires. Il faut, d'a-
» bord, qu'une modification soit faite dans les
» esprits, pour pouvoir être réalisée dans les
» faits » (1). La transformation politique doit être précédée par la transformation sociale, sous peine de n'être qu'éphémère, stérile, violente et despotique. Oserions-nous affirmer que cette transformation est accomplie dans les idées et dans les mœurs, et qu'elle n'attend plus qu'une consécration politique ?

(1) M. Foucart, *Éléments de droit public et administratif.*

IX.

Dangers de la forme Républicaine pour la France, élevée à l'école de la Révolution, — tenue à l'écart de ses affaires par la Centralisation.

Pourrions-nous affirmer que la France est mûre pour la République? — La forme républicaine est l'émancipation complète d'un peuple, qui devient, pour ainsi dire, à lui-même, son Gouvernement. Non-seulement la direction des affaires est abandonnée à ce peuple, mais il est toujours maître de changer le moteur qui donne l'impulsion première à tous les rouages politiques et administratifs. — Sommes-nous tous assez sages pour remédier à la mobilité des organes du corps social par la fixité des principes moraux et constitutionnels qui doivent régler leur action, et diriger notre conduite? — Les forces centrifuges ne l'emporteront-elles pas sur les forces centripètes? — Il n'est aucun de ces rouages qui demeure fixe, et ce défaut de stabilité, pour n'être pas dangereux, doit être racheté par la stabilité des principes dans les esprits, par le respect assuré de tous pour les droits de tous. — Nous devons être certains que ce changement perpétuel ne sera pas dommageable à l'esprit de suite et à l'unité de vues que réclame la direction de nos affaires publiques, et que les capacités politiques et administratives ne feront jamais défaut dans un État, où la porte de sortie est si près de la porte d'entrée. En sommes-nous là?

Plus la force extérieure diminue, plus la force morale doit croître et la remplacer. Plus le Gouvernement est dans la nation, plus la nation doit être, à la fois, intelligente, religieuse et morale; plus elle doit être appliquée à ses devoirs politiques; plus elle doit être résolue aux sacrifices que le bien public exige; plus elle doit être énergique pour défendre l'ordre social contre les flibustiers qui voudraient le renverser à leur profit « Comment la société pourrait-elle » manquer de périr, — s'écrie M. A. de Tocque- » ville (1), — si, tandis que le lien politique se » relâche, le lien moral ne se resserrait pas? — » Et que faire d'un peuple maître de lui-même, » s'il n'est soumis à Dieu? » — De ce chef encore, croyons-nous être dans les conditions d'une bonne et durable République, qui, sans créer aucun danger à l'ordre social, n'aurait, elle-même, rien à craindre des faux républicains? Croyons-nous être dans les conditions d'une liberté complète, s'exerçant sur les organes essentiels de la vie sociale? Sommes-nous assez parfaits pour n'en pas abuser, pour n'en pas faire une arme de destruction et d'oppression, au lieu d'un instrument de progrès et de félicité? Le droit à la liberté illimitée, s'exerçant dans les sphères les plus hautes, ne sera-t-il pas l'écueil

(1) *De la démocratie en Amérique.*

de tout droit et de toute liberté? — Hélas !
quand, sous le coup des malheurs de la France,
douloureusement repliés sous nous-mêmes, nous
avons passé la revue de nos vices, de nos erreurs, de nos défaillances morales, n'avons-nous
pas tracé le tableau de nos incapacités politiques,
et de nos inaptitudes à vivre sous un régime
républicain, sous un régime favorable aux entreprises de l'égoïsme, de la passion, de l'ambition? N'avons-nous pas énoncé, par là, les dangers de la vie sociale, courant le grand risque
de n'être protégée que par des vigilances en-
dormies ou désarmées, contre les attentats des
pervers, et les surprises des faux frères? — La
République ne serait pas sans danger pour un
peuple moral, vertueux, ayant, à un haut degré,
l'intelligence des affaires publiques et des besoins de la société ; ne sera-t-elle pas un péril
constant pour un peuple, qui, sans doute, a
conservé le culte des grandes choses, — mais
que, dans une portion notable de ses membres,
la corruption a affaibli, que le scepticisme a perverti, que l'intérêt privé inspire trop exclusivement, et que les doctrines les plus subversives
ont envahi?

Son éducation politique est-elle faite, parce
que l'esprit révolutionnaire a fanatisé les masses
et chauffé à blanc leurs ardentes convoitises;
parce qu'il a obscurci les intelligences mêmes qui
devraient être les plus éclairées; parce qu'il a
démantelé les remparts de l'ordre social, en

semant le scepticisme et la division dans les classes naturellement influentes et intelligentes; parce qu'il a pulvérisé la société, par une guerre de cent ans aux principes de tout ordre moral et social; parce qu'il a ruiné la notion de l'autorité, sous prétexte de haine au despotisme, et qu'il a introduit la licence sous le nom de la liberté?

Avons-nous bien réfléchi aux difficultés que rencontrerait le bon fonctionnement d'une République, dans un grand pays comme la France; chez un peuple dont les mœurs politiques ne sont pas encore formées, grâce aux excès de la centralisation, que nos Républiques, comme nos autres Gouvernements, n'ont su qu'aggraver, bien loin de les amoindrir? — On a toujours cherché à réformer par en haut, et jamais par en bas; on proclamait les droits du peuple à se gouverner, et on ne lui permettait pas de s'administrer; on lui attribuait toute intelligence et tout droit pour renverser et reconstituer son Gouvernement, et on ne lui reconnaissait ni droit ni intelligence pour régler les affaires de la commune, du canton et du département. — On voulait qu'il fût savant en politique, et on ne lui permettait pas de se préparer à l'enseignement supérieur de la science sociale, par les écoles primaires et secondaires du canton et du département. On l'émancipait politiquement, on le liait administrativement. — Pour s'élever à la hauteur des droits qu'on proclamait lui appartenir,

il lui fallait une base et des degrés : on les lui
refusait obstinément; et que pouvait faire ce
peuple, que l'on appelait à une grande vocation, et auquel on refusait tout noviciat? — Il
ne pouvait qu'abuser de ses prérogatives, les
exercer sans discernement, sous l'impulsion de
ses caprices, sous l'impression des circonstances,
ou sous l'influence pernicieuse de mauvais conseillers. — Les uns, prenant leur rôle au sérieux,
sous prétexte de bien public, ne cherchent que la
réalisation de rêves impossibles; les autres, s'en-
dormant dans l'indifférence, laissent agir seuls
les partis extrêmes, qui, pour le malheur de la
société, ne s'endorment jamais. — Le plus grand
nombre, peu au courant des difficultés que rencontre la marche du Gouvernement, se disent
mécontents, et reportent, à ce dernier, la responsabilité de tout ce qui se fait, et de tout ce
qui ne se fait pas. — Et les commotions succèdent aux commotions, sans que la société y
gagne, chaque fois, autre chose, que de nouvelles ruines morales et matérielles, et qu'une
décadence générale plus profonde.

X.

**Dangers de la République, résultant de nos divisions, —
et du grand nombre de mauvais républicains.**

La République ne semble donc pas appropriée
aux conditions dans lesquelles se trouve la France.

4

— Elle ne semble guère, non plus, s'accorder avec le caractère français. — C'est une forme de Gouvernement trop légère, pour un peuple trop léger lui-même. Oui, nous sommes légers, — il faut le reconnaître, — de même que nous sommes ardents et enthousiastes : il faut bien nous résoudre à avoir les défauts de nos qualités. De plus, c'est une forme de Gouvernement qui ne présente pas assez de résistance pour n'être pas emportée, un jour ou l'autre, par une ambition égoïste ou par les tenants de l'anarchie, à la faveur des nombreux partis entre lesquels, malheureusement, se divise la France. C'est une forme qui n'inspire pas assez de confiance, pour commander le respect, et réunir les dissidents.

Il faut bien que nous comptions avec les partis antirépublicains, qui tiennent à leurs opinions politiques, autant, au moins, que les républicains tiennent à la leur. — Notre manie, c'est de vouloir ramener, de force, tout le monde à notre système privilégié, sans égard pour ceux qui ne pensent pas comme nous. — C'est encore une forme du moi exclusif, absolu, égoïste. — Nous nous abusons nous-mêmes, nous nous croyons bientôt la majorité, ou nous nous attribuons le droit de la dominer par la force, quand elle n'est pas avec nous. Cependant, si notre vue est nette, nous pourrons nous convaincre facilement qu'il y a beaucoup plus de monarchistes, en France, que de républicains;

et même, parmi les républicains, il en est beaucoup qui ne le sont que d'hier, et de sentiment,
plutôt que de conviction; il en est beaucoup qui
le sont d'occasion, plutôt que de tradition.

Ces deux grands partis ont, chacun, des fa -
milles nombreuses, et, pour peu que nous conti-
nuions à faire des révolutions et à ouvrir la porte
aux pouvoirs d'aventure, nous verrons la France
morcelée politiquement, comme elle l'est au moral et dans son sol. — Les monarchistes se sub-
divisent en plusieurs branches, — et les républicains, à leur tour, sont loin d'être exempts du
morcellement et des divisions. — S'il est peu de
pays aussi divisés que la France, il n'est point
de camp plus divisé que celui des républicains.
C'est un nom générique qui embrasse les opinions les plus disparates et les hommes les plus
opposés entre eux. — Il en est des républicains
comme des protestants : ils n'ont de commun
que le nom. Aucun symbole ne les rassemble, et
ne les fond dans l'unité. — Il y a là, déjà, un
dommage pour la République, un danger pour
la société, et une raison d'être de la défiance
qu'inspire, à beaucoup, cette forme de Gouvernement. — La République est un pavillon qui
abrite toute marchandise, et couvre toute contre-
bande. « Les ennemis les plus dangereux de la
» République, écrivait en 1849 un républicain,
» M. Ch. Didier (1), ne sont ni à Frohsdorf ni

(1) *Une visite à M. le duc de Bordeaux.*

» ailleurs : ils sont dans son propre sein. » — N'est-ce pas une vérité dont nous pouvons nous convaincre actuellement, en voyant à l'œuvre les républicains, et ceux qui se donnent comme tels?

Les républicains vont, en s'étageant, par une succession indéfinie de degrés, depuis le républicain religieux, honnête, loyal, pénétré des principes les plus solides, — jusqu'au républicain dépouillé des principes, perdu dans les théories nuageuses, inappliquées et inapplicables; — jusqu'au républicain exalté, pour qui la République est tout, et la patrie moins chère que la République; — jusqu'au faux républicain qui n'aime la liberté que pour lui seul, qui ne poursuit, dans la République, que la réalisation de ses rêves ambitieux ou insensés, qui ne voit le bonheur du peuple que dans le matérialisme; —jusqu'au républicain qui n'aspire qu'à accaparer le pouvoir pour opprimer ses adversaires, pour jeter violemment la société dans les voies de l'athéisme, pour satisfaire ses haines, assouvir ses fureurs irréligieuses et impies, et écraser, s'il est possible, ce catholicisme, qui, seul, a l'insigne privilége de provoquer les colères et les persécutions de tous les mécréants; —jusqu'au républicain dont la science ne consiste qu'à détruire, et dont le but politique n'est que de s'enrichir par le vol, devenu légal. — Sous prétexte de républicanisme, les ambitieux, les pervers, les chevaliers d'industrie, les hommes

tarés se réunissent, se concertent, sauf à se
battre entre eux plus tard ; ils font alliance
avec des hommes honnêtes, mais légers, avec
de naïfs utopistes, égarés par de faux systèmes, mais encore animés de bonnes inten-
tions, et dont le cœur est trop facilement ouvert
à la confiance envers ces auxiliaires dangereux ;
et ces républicains utopistes s'abritent à leur tour
derrière des républicains plus sérieux, qui veulent le règne simultané des principes et de la République. Ces derniers rendent ainsi un mauvais
service à la société et à la République, car ils
servent de passe-port aux mauvais républicains
et aux faux patriotes ; ils facilitent le succès
de leurs machinations, en empêchant la société
de deviner leur but, de déjouer leurs plans, et de
prendre contre eux des mesures préservatrices.
— Tenons-le pour certain : il y a beaucoup de
faux républicains, de mauvais républicains, de
républicains utopistes, et il n'y en a qu'un petit
nombre qui puissent être réputés bons républicains dans la force du terme, républicains éclairés, conservateurs, fermes sur les principes. —
Le malheur des républicains, c'est que leur nom
est trop souvent synonyme de révolutionnaires ;
et la défiance des vrais conservateurs, des hommes à principes, s'explique suffisamment par le
mélange hétérogène des bons et des mauvais
républicains, — et par cette considération, c'est
que, d'une part, *nos révolutions ont amené nos
Républiques*, — ε. de l'autre, — *c'est que nos*

Républiques ne sont propres qu'à produire des révolutions et des despotismes. — Ce n'est pas moi qui ai créé cette situation ; je ne fais, ici, que constater des faits.

XI.

Vice originel, et base défectueuse de nos Républiques.

Qu'arrive-t-il nécessairement, avec cette composition défectueuse du camp des républicains, arrivant au pouvoir par un coup de force et par une révolution subite et violente, dont les agents sont naturellement recrutés dans la portion de la société la moins saine, la moins éclairée, la moins honnête ? — La République, ainsi élevée au pavois, a une mauvaise base ; elle doit garantir l'ordre ; et sa première armée est une armée de désordre ; elle veut la stabilité, et elle n'a, pour se maintenir, que la mobilité des classes populaires auxquelles elle doit surtout son élévation. Elle repose sur un sol mouvant, son premier appui est défectueux ; son point de départ est une insurrection. —Ceux qui l'ont créée, prétendent avoir le droit de la détruire et de la reconstituer à volonté.

J'admets qu'elle soit arrivée d'une manière plus honorable, et qu'elle ne soit entachée d'aucun vice originel.—Les périls seront-ils écartés ? —Non.—Pour nous en convaincre, observons sa marche, et regardons-la à l'œuvre.—Quel spectacle nous offre-t-elle ? Dans l'état actuel de la société, je vois ses chefs et ses membres les plus honnêtes et les plus distingués lutter contre les partis adversaires, contre les défiances nombreuses, — et il faut le dire, trop justifiées, — qu'excite la forme républicaine. — Je les vois lutter contre les prétentions inadmissibles des masses, qui seraient indifférentes à l'avénement d'une République, si elle ne leur apparaissait comme la terre promise de leurs ardentes convoitises ; je les vois lutter contre les passions de la multitude, qui ne voit, dans la République, que son gouvernement à elle, un gouvernement dont elle doit être toujours maîtresse, dont elle doit déterminer la marche, et remplacer à son gré les rouages. — Je les vois lutter contre leurs confrères des nuances les plus tranchées, contre ces faux libéraux et ces mauvais républicains, pour qui la République est synonyme de révolution progressive, indéfinie ; qui ne veulent, en fait de République, que celle qui mettra en pratique leurs pernicieuses doctrines ; qui n'encensent le suffrage universel qu'autant qu'il sera leur docile instrument et leur très-humble serviteur. — Je les vois lutter contre ces faux libéraux et ces mauvais républicains, qui, ne se mettant pas en peine des plus flagrantes inconséquences, se retourneront contre le suffrage universel, si ce dernier ne répond pas à leur détestables espérances, qui le souffletteront après l'avoir adoré, et essaieront de briser ses arrêts sur le pavé des barricades ; — qui s'appuieront, pour opprimer la nation, sur les factions populaires, travaillées de longue main, et toujours prêtes à accourir à leurs appels criminels.

Voilà les obstacles contre lesquels une République, en France, a eu et aura toujours à lutter. Voilà les périls qu'a toujours courus le vaisseau de l'État, confié à des pilotes républicains, et c'est en donnant contre ces écueils qu'il a sombré, une fois, dans un naufrage qui a duré dix ans ! — Comment voudrait-on que ce qui est conservateur et sensé, eût beaucoup de confiance dans une République, et beaucoup d'enthousiasme pour un régime, qui, chaque fois qu'il a été essayé, a conduit la France aux abîmes, ou les lui a fait côtoyer ; pour un Gouvernement qui l'a précipitée, une première fois, dans le gouffre de la Terreur, et qui, dans ses essais subséquents, alors même qu'il n'a pas abouti aux mêmes désastres, n'a pu être que le régime de la division, de la mobilité, de l'inquiétude, de l'incertitude du lendemain ; un régime qui a mis en relief l'audace effrénée des uns, la faiblesse des autres, et a été le signal d'insurrections formidables, sans cesse renaissantes ?

Il faut, en vérité, que nous ayons la mémoire bien courte, et un sens politique laissant bien à désirer, pour vouloir, une fois de plus, lancer la société sur une voie si sujette aux déraillements. — Le moment, surtout, est bien choisi ! — Que 1848 revienne au milieu de nous, pendant quel-

ques années encore, et la France, blessée par
la Prusse, sera bien en danger d'être, à la faveur d'une République, achevée par les mains
de fils dénaturés. — Oui, messieurs les républicains de bonne foi, qui aimez la France avant
vos idées, attendez, pour nous mettre en République, que nos mœurs politiques s'y prêtent
davantage; fortifiez notre tempérament social au
lieu de le laisser se débiliter par les secousses
qui ébranlent ou qui tuent; — avant de mettre à
la voile sur la mer orageuse de la République,
attendez que les matelots soient formés à la ma-
nœuvre, attendez que notre navire soit solidement cuirassé, pour résister aux vagues et aux
écueils. — Avant d'être républicains, soyons
Français et patriotes.

Oui, dans l'état actuel de la France, la République ne peut être que le Gouvernement de l'inconnu, des surprises, des aventures, un Gouvernement de casse-cou. .

XII.

La République, en France, mène fatalement à l'anarchie.

Le mauvais élément populaire que le journalisme a perverti, que les sociétés secrètes enrégi-
mentent, que les passions égarent et que les
convoitises enflamment, menace toujours de peser, de son poids brutal, sur la marche d'un
Gouvernement républicain. — Il est la clientèle

naturelle des mauvais républicains, des révolutionnaires, des démagogues. Ici, c'est le cas de
s'écrier : Toujours de plus fort en plus fort,
comme chez Nicolet ; car ces messieurs enché-
rissent à l'envi sur la violence les uns des autres. C'est à qui captera la faveur populaire, à
force de flatteries impudentes et de promesses
irréalisables. — C'est une imitation des armées
prétoriennes, achetées par les candidats à l'empire romain, et le mettant elles-mêmes un jour
à l'encan.

Les flatteurs des peuples, — et il n'en man-
que pas en temps de République, — non moins
que les courtisans des rois, sont les fléaux
des nations ; tous les deux favorisent le despotisme : les uns, le despotisme d'un seul ; les
autres, le despotisme de la multitude, ou, pour
mieux dire, le despotisme de la canaille. Dans
l'un et l'autre cas, c'est la tyrannie d'une part,
et l'oppression et l'esclavage de l'autre. Seulement, les monarques despotes ont souvent fait
de grandes choses, et les mauvais éléments populaires, arrivés à la domination, n'ont jamais
su que détruire et tuer, non-seulement les personnes, mais les libertés individuelles et publiques, les institutions, les qualités morales, la
prospérité même matérielle, et finalement les
Etats. — Rien n'est respecté, pas même les monu-
ments qui illustrent nos cités, et racontent nos
gloires nationales ! — Un monarque absolu a encore certaines entraves, il a des conseils ; son

intérêt, celui de sa race, son orgueil, à défaut de dévouement, et le jugement de la postérité, le retiennent encore, plus ou moins, sur la pente des excès qu'il peut commettre, tendent à accorder l'usage de sa puissance avec le bien public, à le rendre conservateur, à lui inspirer l'esprit de suite, et à le guider par l'intérêt national; — mais le despotisme de la canaille ne connaît ni barrières, ni retenue, ni intérêt national, ni postérité; aveugle en sa fureur, il met son orgueil à tout anéantir, et se précipite sur l'ordre social, comme un torrent impur et dévastateur, entraînant, dans son cours impétueux, les insensés qui lui ont ouvert la brèche, et qui se flattaient de l'endiguer à volonté.

Voilà les dangers que font courir, incessamment, à la société, les Gouvernements républicains, et les écueils où viennent échoir elles-mêmes les Républiques. — Toujours, en France, la République a été une arène où les forces de la nation se sont épuisées dans les luttes stériles, acharnées, scandaleuses et sanglantes, de la tribune et de la place publique. — On ne peut « contenter tout le monde et son père, » surtout dans un pays où les opinions divergentes sont si multipliées. Les mécontentements deviennent promptement de l'exaltation, de la fièvre, de l'antagonisme; ils sont un danger permanent, car, en temps de République, chacun se figure avoir un droit absolu sur le Gouvernement, et même le droit de le renverser, dès qu'il a eu le

malheur de déplaire : *c'est la chose de tout le monde.* Or, dit Bossuet, « Où tout le monde
» veut faire ce qu'il veut, nul ne fait ce qu'il
» veut ; où il n'y a point de maître, tout le monde
» est maître ; où tout le monde est maître, tout
» le monde est esclave » (1). — « Et la moitié
» du monde, dit M. de Maistre, est employée à
» gouverner l'autre, sans pouvoir y parvenir. »

Toujours, en France, la République a été le signal des déchaînements populaires. — Les ré-publicains ne peuvent le nier, et ils ne peuvent nous donner aucune garantie pour l'avenir. — La coïncidence de ces déchaînements avec l'avénement de la République, la force de ces déchaînements, s'expliquent par la faiblesse de ceux qui tiennent le pouvoir ; et cette faiblesse est la conséquence des divisions qui règnent dans la France, et dans le camp républicain ; — elle a eu trop souvent, pour seconde cause, le point de départ défectueux de nos Républiques, sorties d'une insurrection, et ayant contracté, envers ceux qui l'ont accomplie, des dettes que ceux-ci n'oublient pas. — Cette faiblesse est surtout la conséquence des attaques que se livrent, entre eux, les républicains des différentes catégories, qui se poussent et se précipitent en bas les uns les autres, pour se remplacer fraternelle-ment au pouvoir, — comme les vagues poussent les vagues, sur une mer agitée. — Une mer

(1) *Politique sacrée.*

agitée, c'est bien l'image de la mobilité des hommes et des choses, dans un temps de République.

Les morts vont vite, en temps de République. Les hommes sont usés du jour au lendemain. C'est le régime de la défiance. La défiance est à l'ordre du jour, comme le confessait le citoyen Rochefort. Elle est cultivée par la jalousie, l'envie, la haine, l'ambition; par elle, on exploite les masses populaires, naturellement soupçonneuses, et qui, comme des coursiers rétifs, prennent ombrage et se cabrent à tout propos. « Le plus difficile à un chef de la multitude, » — disait Démosthènes qui avait quelque expérience en ce point, — c'est de plaire à la multitude. » C'est dans les temps de République, surtout, que le Capitole est près de la roche Tarpéienne. — Vous en savez quelque chose, messieurs les membres du Gouvernement de la défense nationale, qui avez dû demander l'hospitalité aux caves de l'Hôtel de ville de Paris; — qui, après avoir vu vos noms sortir de l'urne électorale avec une écrasante majorité, avez dû, pendant votre règne de quelques mois, et l'ennemi étant aux portes de la capitale, lutter deux fois contre vos partisans de la veille; qui avez vu vous fuir la faveur populaire, pour acclamer des noms de sinistre augure; qui avez dû lutter contre vos collègues de Bordeaux, et subir les bordées d'injures et de colères des prétendus frères et amis.

XIII.

Quelques vues de la République, *d'après nature.*

Quelles perpétuelles évolutions en temps de République ! La popularité s'en va plus vite qu'elle n'est venue, et le pouvoir ou l'influence passent bientôt, de mains honorables, en des mains indignes. — Les honnêtes sont combattus et remplacés par de moins honnêtes, les sages par les fous, les modérés par les exaltés, et les exaltés de la veille deviennent les modérés du lendemain. — Le sol qui les porte tremble sous leurs pas. Ils devaient être la force au service du droit et de la société, et ils sont la faiblesse devant les méchants et les pervers. — Ils voulaient s'arrêter, et il faut marcher ou tomber. Ils espéraient dominer, et ils sont toujours débordés et impuissants : c'est le cri que tous jettent, en désespoir de cause. Que ne profitent-ils de l'expérience les uns des autres ! — Il faut sacrifier aux sectes avancées, aux amis exigeants. — Il faut, le plus souvent, qu'ils se résignent à être ou les complices ou les victimes de ceux qu'ils devaient refréner : leurs victimes, s'ils remplissent leurs devoirs ; leurs complices, s'ils veulent rester, un peu plus longtemps, à la tête d'un Gouvernement, qu'on ne souffre qu'à la condition qu'il ne gouvernera pas. — Les hommes qui produisent les mouvements populaires, de-

vraient bien se pénétrer des deux pensées sui-
vantes du comte de Maistre : « Ce ne sont pas les
» hommes qui mènent la Révolution, c'est la
» Révolution qui les mène. » — « Ils ont le
» pouvoir d'agiter la multitude, sans avoir celui
» de la dominer. » — Ils font le mal qu'ils ne
voulaient point faire, et ils deviennent, comme
Napoléon depuis les bombes Orsini, le Gouvernement de la peur.

En temps de République, le charlatanisme
politique devient une puissance, et une puissance
redoutable, puisqu'il s'exerce sur les masses,
enivrées par leurs flatteurs. — La scène politique, transportée au forum, n'offre plus, au re-
gard attristé et inquiet, que d'amères comédies
et de folles bouffonneries, formant les intermèdes
des tragédies sanglantes qui se succèdent à des
intervalles toujours plus rapprochés. — Les habiles du moment s'occupent à brouiller l'eau, et
se promettent des pêches miraculeuses. — Il se
fait une effrayante projection de poudre aux
yeux du bon public, et l'on exploite, sur une
grande échelle, les passions des uns, et la niai-
serie des autres. — C'est toujours la carpe
dévorée par le brochet, et n'apercevant son vo-
race ennemi que quand elle ne peut plus le fuir.
— C'est alors que se fait cette fermentation des
mauvaises doctrines et des mauvais penchants,
putride d'abord, turbulente ensuite, dont parle
M. de Maistre. — Et pendant que les minorités
factieuses fourbissent leurs armes, on entend, de

toutes parts, — amère dérision, — invoquer la
souveraineté nationale, et s'élever un concert où
se rencontrent les plus beaux mots de la langue
humaine : liberté, égalité, fraternité! — Le ja-
cobinisme et les sociétés secrètes se remuent
dans l'ombre de leurs officines révolutionnaires,
nouent leurs intrigues, et préparent ces coups
de main furieux qui doivent introduire, dans la
société, non la démocratie, dont je respecte le
nom et la chose qu'il représente, mais la démagogie, et ce que j'appellerai la *populocratie*. —
Même dans les moments de tranquillité appa-
rente, on se sent mal à l'aise ; on pressent que
le calme dont on jouit n'est qu'apparent, éphémère et trompeur; on pressent que le volcan ne
se repose que pour préparer une éruption soudaine et terrible. — Après les sanglants événements de Paris, et malgré le triomphe de l'ordre, ne sentons-nous pas que le sol tremble
encore sous nos pas, et qu'une crise nouvelle se
prépare?

C'est le temps où l'on voit se multiplier le démagogue, en attendant qu'il se transforme en
pétroleur. Le démagogue ou le sycophante a
existé de tout temps, dans les États républicains,
et voici le portrait qu'en traçait Démosthènes; il
est toujours ressemblant : « Le sycophante hurle,
» menace, calomnie... Avec un peu d'or, on
» lui ferme la bouche... Les magistrats tirés au
» sort, il les déchire, les rançonne, les poursuit
» à outrance... Il rampe sur nos places publi-

» ques, comme un scorpion ou une vipère,
» faisant vibrer son dard, s'élançant d'un côté
» à l'autre, épiant la victime qu'il percera de
» ses calomnies, le riche qu'il intimidera pour
» le faire capituler. Il rôde, traînant à sa suite
» les monstres que les peintres donnent pour
» escorte aux scélérats dans le Tartare : l'impré-
» cation, la calomnie, l'envie, la haine, la dis-
» corde. C'est le chien du peuple, disent
» quelques-uns; je le crois, mais c'est un de ces
» mâtins, qui, au lieu de mordre ceux qu'ils
» appellent loups, mangent les brebis qu'ils di-
» sent protéger. » — C'est le temps où l'on voit
fleurir les entrepreneurs de barricades, les inven-
teurs de systèmes parfaits, les grands brouillons,
les grands parleurs, les écrivassiers, les éner-
gumènes, les batteurs d'estrade, les saltimban-
ques politiques. Ils escamotent la faveur du
peuple pour pouvoir escamoter son argent : c'est
l'agiotage transporté dans le domaine politique.

Chacun veut débiter sa marchandise, mettre
la main à la machine sociale pour la perfectionner. — Le char de l'État est tiré en vingt sens
différents : comment ne s'avancerait-il pas avec
rapidité dans la voie du progrès, avec tant d'éléments de locomotion? — On parle beaucoup, on
écrit beaucoup, on fait beaucoup de bruit, on fait
beaucoup de lois, on en défait autant; souvent,
on ne fait rien, par la difficulté qu'on a de se
mettre d'accord. C'est à qui fera sa réputation
dans les clubs, élèvera la voix plus haut que

les autres, car, dans ces milieux tapageurs, la force des poumons, non moins que certains mots à effet, sont des gages de succès. — Ne pouvons-nous pas dire avec le rat du bon La Fontaine :

> Ne faut-il que délibérer ?
> L'*État* en conseillers foisonne.
> Est-il besoin d'exécuter ?
> L'on ne rencontre plus personne.

C'est une émulation effrayante des pense-creux, des cerveaux fêlés, et des violents. — Et la voix des républicains sages et honnêtes se perd et se s'évanouit dans ce charivari politique. — Mais ce qui se perd plus que tout le reste, c'est le respect de l'autorité, et de l'ordre de choses établi. — Les perpétuels changements qui s'opèrent de haut en bas, sans laisser, au principe de l'autorité, aucun représentant à poste fixe, se prêtent encore à la déperdition de cette chose sainte et indispensable à toute forme gouvernementale, que l'on appelle le respect, et qui doit préparer l'obéissance.

L'origine trop souvent révolutionnaire de la République s'y prête davantage encore. — Il n'est pas bon que ceux qui doivent invoquer les principes, les aient eux-mêmes violés. Les pouvoirs finissent comme ils ont commencé : quand ils ont commencé par les pavés et par un coup de force, ils expirent sous les pavés et sous un coup de force. — Il n'est pas bon que l'autorité ait pour mandataires des hommes qui ne puissent invoquer que le bénéfice du succès et du fait accompli, car ils donnent aux autres la tentation de se servir contre eux des mêmes moyens. — C'est le droit de la force ou de l'adresse qui a présidé à leur triomphe, et c'est le même droit que les partis hostiles tenteront d'invoquer à leur tour contre eux.

XIV.

Fruits de l'arbre républicain : Révolutionnarisme et Césarisme.

C'est ainsi, qu'avec les Républiques, nous faisons et nous défaisons, nous élevons et nous jetons par terre : nous sommes de piètres architectes et de mauvais entrepreneurs. — Détruire et renverser, sous prétexte d'édifier et de perfectionner, quelle déraison! — Faut-il s'étonner qu'au lieu de l'édifice splendide tant de fois inauguré, nous n'ayons produit que des tours de Babel et des ruines? — Faut-il s'étonner que nous n'ayons accompli qu'une marche d'écrevisse sur la route du vrai progrès? que, comme Pénélope, nous ayons toujours à recommencer notre ouvrage? qu'au lieu d'arriver au couronnement de l'édifice, il nous faille toujours redescendre aux fondations, — et que notre organisation sociale soit, comme le rocher de Sisyphe, soumise à des chutes fréquentes, périodiques et désespérantes?

La France, en temps de République, a toujours des points noirs à son horizon; et ces points noirs tendent incessamment à grossir, et à s'étendre en nuées menaçantes, chargées d'électricité révolutionnaire. — Le travail chôme, le capital se cache, le travailleur s'irrite, au lieu de comprendre les causes véritables et naturelles de la stagnation des affaires. Il déserte le foyer domestique, et sa vie se partage entre les orgies du cabaret et les discours incendiaires du club, où il achève de se pervertir, jusqu'à ce que, de conscrit de la révolution, il en devienne, sans scrupules, le soldat accompli et même le sicaire déterminé! — La prospérité publique a le même sort que la prospérité privée. — Les finances se gaspillent, en même temps que l'ordre moral et l'ordre social vont de décadence en décadence.

Les mirages sont remplacés par les déceptions. — Le découragement, l'énervement, le marasme minent la société, ébranlée par les secousses, déchirée par les factions. — À la faveur des divisions, les doctrines antisociales du socialisme essaient de passer de la théorie à la pratique. — La société ressemble à un navire crevassé, faisant eau de toutes parts, et que le flot envahisseur menace d'une complète destruction, malgré le jeu des pompes impuissantes et les efforts des passagers consternés. — Pour que la société soit sauvée du péril, pour qu'elle puisse en triompher, il faut qu'elle s'arme jusqu'aux dents, comme un voyageur qui traverse des pays mal famés. Il faut qu'elle recoure à la force pour pouvoir se défendre contre les attentats de la force, et qu'elle déploie des moyens répressifs en rapport avec les moyens agressifs dont elle est sans cesse menacée. — Il faut que l'autorité supplée, par la force matérielle, à la force morale, qui lui fait plus ou moins défaut. — Et nous voilà, plus que jamais, lancés dans le militarisme ; nous voilà exposés à tomber, un jour ou l'autre, entre les mains d'un dictateur militaire, « d'un soldat heureux, » ou d'un ambitieux intrigant, profitant habilement des circonstances et de la disposition des esprits pour se faire acclamer comme sauveur de l'État.— Il arrive au Pouvoir à la faveur des excès des uns, des terreurs des autres, et se démasque au moment où l'on entend partout répéter, comme un cri de détresse, ces mots prononcés par Sieyès après la Terreur : « Il nous faut une tête et une épée ! »

Ainsi se terminent, par des révolutions militaires, nos révolutions civiles ; ainsi la République, en France, au lieu de la liberté qu'elle promet, aboutit, pour ainsi dire fatalement, au triomphe de l'anarchie ou à l'intronisation du despotisme ; elle aboutit au droit de la force, au règne de la force, et à la confiscation indéfinie de nos libertés en des mains égoïstes ou mercenaires.

L'anarchie menace toujours de triompher dans une France républicaine, — n'est-ce pas encore une vérité que nous rappelle notre position actuelle ? — car elle a pour elle l'audace à

défaut du nombre; elle a pour elle la faiblesse des gouvernants, les oscillations du Pouvoir, les changements perpétuels qui bouleversent la hiérarchie sociale de la base au sommet; et qui excluent tout esprit de suite dans les hautes sphères politiques et administratives; elle bénéficie des divisions qui deviennent plus tranchées, des hésitations, des défiances et des mécontentements qui paralysent la portion la plus saine de la société. Celle-ci se laisse, comme toujours, plus ou moins endormir par les programmes menteurs, et duper par les trompe-l'œil habiles de la révolution, et le danger ne la tire de sa torpeur que quand la résistance n'est plus possible. — Toujours une petite armée bien organisée, ardente à l'attaque, ayant son but bien marqué, l'emportera sur des masses désarmées, surprises et sans cohésion. — Et alors, la société roule d'abîmes en abîmes, et voit se succéder, dans un crescendo formidable, se dévorant les uns les autres, des pouvoirs toujours plus tyranniques, plus désastreux et enfin plus sanguinaires. « Dans les révo-
» lutions, — disait lui-même un célèbre révolu-
» tionnaire, Danton, — l'autorité reste aux plus
» scélérats. »—« Ce ne sont pas les hommes qui
» mènent la Révolution, répéterons-nous avec
» M. de Maistre; c'est la Révolution qui les
» mène. »

Que l'anarchie détrône nos Républiques, ou qu'elle élève seulement, sur la société, sa tête hideuse et son dard venimeux, la société ne sort

du péril, ou n'en est préservée, que par le bras
de fer de quelque despotisme. — Mais celui-ci ne
sauve la société dans le présent qu'au prix de son
avenir. Ces despotismes, comme des générations
spontanées, ne croissent qu'aux époques de dé-
compositions sociales et d'orages politiques. Ces
pouvoirs d'occasion, ces parvenus de la force et
de la ruse, en ramenant l'ordre matériel dans la
société, la ramènent quelquefois d'un demi-siècle
en arrière. Ils ne se maintiennent que par les
moyens auxquels ils doivent leur élévation :
la force et la ruse, le militarisme et le favoritisme, et ils nous lancent à toute vapeur sur la
voie qui conduit aux décadences de Bas-Empire,
et à des révolutions plus radicales, plus désastreuses que celles dont ils nous ont tirés. — Les
libertés, les représentations qu'ils ont l'air d'oc-
troyer au pays, ne sont que des simulacres et des
impuissances, qui voilent leur despotisme et leur
politique d'aventures derrière une soi-disant
consécration nationale. — Leur autorité n'est
pas retenue ni réglée, et leur conduite n'est pas
dirigée ni inspirée par les représentants de la nation, dont le pouvoir est illusoire et dont le choix
est faussé par les manœuvres gouvernementales. — On a un despotisme réel sous l'appa-
rence d'un Gouvernement représentatif.

En outre, les parvenus de la force et de la
ruse, pour réussir dans leur ambitieuse ascension,
ont dû recourir à des concours intéressés, et à des
compromis dangereux avec les sectes souter-

raines qui minent la société. — Moyens immo-
raux dans leur élévation ; soins égoïstes de leur
maintien au Pouvoir, subordonnant tout autre
intérêt social ; complaisances basses, onéreuses
et funestes envers les agents de leur réussite ;
sourdes conspirations des autres ambitieux, dont
l'émulation et l'envie se trouvent surexcitées par
les succès de l'heureux du moment, — leur égal
hier, leur maître aujourd'hui, — qui redouble
de précautions et devient plus ombrageux : tels
sont les Pouvoirs qui, en France, deviennent les
héritiers directs et naturels des Républiques, et
qui s'adjugent leurs successions.

Ce n'est pas de la théorie que je fais en ce
moment ; ce n'est pas du roman politique : c'est
de la pure réalité ; c'est notre histoire d'hier et
d'avant-hier ; ce sera notre histoire de demain, si
nous n'y prenons garde !

O mon pays ! vois ce que tes révolutions t'ont
causé et te causeraient encore, si tu t'opiniâtrais
dans la voie fatale, où le char social tant de fois
a versé ! — Vois combien la République, pour
toi, renferme de germes funestes !

Vois aussi les biens, les libertés, les progrès
dont tu serais actuellement en possession et en
jouissance, si, comme O'Connell, tu avais re-
couru à des revendications énergiques et persé-
vérantes, au lieu de te livrer à des destructions
successives et impitoyables ! Que n'as-tu demandé
aux réformes ce que ne pouvaient te donner tes
révolutions ! Pèse les fléaux dont ont gémi trois

générations, dont tu gémis encore, et dont gémiront les fils, si tu ne clos, une bonne fois, l'ère des révolutions! O mon pays, profite de l'expérience, et ne prépare pas, à ton avenir, des maux plus grands que ceux de ton passé, des humiliations plus profondes, et des décadences irrémédiables!

Quelle pitié! à trente et quelques années, avoir vécu sous quatre constitutions, en attendant la cinquième; avoir vu quatre ou cinq Gouvernements, et autant de révolutions, sans compter celles qui ont avorté, qui ont été noyées dans des flots de sang! Tristes temps! épouvantables naufrages où s'engloutissent, à la fois, les couronnes, les Gouvernements, les institutions, le respect, l'autorité, la liberté, la moralité, la prospérité, l'ordre, la civilisation! « Quoi! » te dirais-je, en t'appliquant une parole de Démosthènes, — « par cette conduite qui a renversé » Athènes florissante, tu te flatterais de relever » Athènes abattue! »

XV.

Dangers des élections aux magistratures suprêmes de la République. — L'unique PRÉSIDENT de la République de 1848.

La République, en France, n'est pas née viable, et la France n'est pas prête pour la République. La République ne semble pas, de longtemps encore, pouvoir s'y acclimater. La plante n'est pas faite pour la terre; ni la terre, pour la plante. Celle-ci demande une terre plus forte, et un sol plus compacte. — En France, avec la République, les bonnes choses tendent à devenir mauvaises, par l'abus qui s'en fait. — La République est le régime sous lequel on remet tout en question, les principes même fondamentaux de tout ordre social. — La République ne nous apporte que des luttes suprêmes « à courte échéance, » entre les partis vainqueurs et les partis mécontents, entre l'ordre et le désordre, entre l'anarchie et le despotisme.

Partout, dans la nature, dans la société comme dans l'homme, la vie n'existe que là où est l'unité; que l'État soit monarchique ou républicain, toute l'organisation sociale doit aboutir à l'unité; tous les rayons doivent se réunir à un seul centre, qu'il s'appelle roi, président, pouvoir exécutif; — seulement, dans les Monarchies, ce centre est fixe, et dans les Républiques, ce centre, comme les rayons, est essentiellement mobile. — Cette mobilité ne serait qu'un avantage, si la France avait assez d'intelligence politique, de sagesse conservatrice, de raison calme et élevée, et si la voix du scrutin n'en devait être jamais que la manifestation certaine et l'expression parfaite.

Mais qui oserait soutenir, surtout en un pays de suffrage universel, que la masse des citoyens ne pourra faire que des choix heureux, avec un ensemble, une presque unanimité qui ne laissent aucune prise à la critique, aucune espérance aux compétitions déçues? — Quand il s'agit d'élire nos représentants, quand il s'agit d'élections départementales, et même locales, on n'aperçoit souvent qu'indifférence, incertitude, coteries, votes déterminés par les moyens les moins avouables. — Ne l'avons-nous pas vu au scrutin du 2 juillet?

Plus sont élevées les fonctions électives, plus on rencontre, dans la masse des électeurs, *aussi bien de la ville que de la campagne*, le défaut de connaissance suffisante des candidats qui sollicitent leurs suffrages; plus on les voit ignorants du passé de ces derniers, de leurs mérites et de leurs capacités; — on les voit ignorants des problèmes sociaux, dont les résultats du scrutin vont cependant décider de la solution; — ou, ce qui est pire, on les voit croyant posséder la science sociale, tandis qu'ils n'ont que des préjugés, des préventions et de fausses notions; — le tout inspiré, entretenu, cultivé par une presse ordinairement partiale, dépourvue de principes, et quelquefois d'honnêteté, — et fortifié par les passions qui font de la logique à rebours.

Les candidatures officielles sont toujours pratiquées par les partis, et surtout par les partis extrêmes; ceux-ci font des prodiges de propagande active et habile, en faveur de leurs préférés, qui, à leur tour, font, avec leurs adversaires, assaut d'éloquence et de protestations, dans leurs professions de foi. Quels efforts, quels

tiraillements, quels orages quand arrive le moment de l'élection suprême! — Et le plus grand
bien de l'État serait de remettre fréquemment,
aux chances du scrutin, le choix de celui qui
forme, en quelque sorte, la tête de l'État?

Vous êtes certains, messieurs les républicains,
que le suffrage universel ne pourra faire que de
bons choix, en toute connaissance de cause, en
n'écoutant jamais que les inspirations de la raison, de la conscience et de la sagesse? Vous êtes
certains que le verdict de la nation sera le résultat d'une appréciation judicieuse et approfondie
du mérite de tous les candidats?

Vous êtes certains, surtout, que l'on saura
écarter les ambitieux et les intrigants, qui n'as-
pirent, à ce poste de passage, que pour l'accaparer définitivement, que pour le retenir dans
leurs mains; et que l'on ne sera jamais enve-
loppé dans les mailles résistantes de leurs habiles machinations?

Nous avons encore, à ce sujet, une expérience
toute récente, qui s'est faite à la faveur de la
République de 1848. Avons-nous donc oublié
l'élection de son unique président? — Qui pen-
sait à Napoléon, au 1er janvier de cette année?
Qui le connaissait, en l'élisant, parmi cette masse
d'électeurs, qui lui ont, pourtant, à une si grande
majorité, décerné la présidence? — Qui donc a
fait sa fortune, et a fait pencher si fortement, en
sa faveur, la balance de l'opinion publique? Une
seule chose, son nom! — N'est-ce pas singulier,

dans un pays où l'on venait, de nouveau, d'abolir les titres de noblesse, où l'on s'appelait fraternellement citoyen, de par la loi, et où l'on prétendait ne vouloir reconnaître d'autre aristocratie que celle du mérite personnel?

Ce choix d'un inconnu, déterminé par le nom seul qu'il portait, ne proclamait-il pas bien haut le danger de remettre, à l'élection de tous, la désignation du personnage investi de la plus haute fonction de l'État, et l'incapacité du corps électoral, pour un choix si important, de se prononcer sciemment, sans passion, sans engouement, sans subir l'influence des ambitieux et la pression des partis? — Ce choix ne proclamait-il pas bien haut, par sa signification, par son inconséquence et son illogisme avec les principes républicains, que la France n'a pas de fonds républicain ; que les traditions, chez elle, emporteront toujours les innovations, et que le plus grand bien politique et social qui puisse lui arriver, c'est de reprendre ses véritables traditions, en les alliant avec ses aspirations légitimes à la liberté?

XVI.

Nécessité et avantages d'une Monarchie héréditaire, — sérieusement représentative.

Non, il n'est pas bon de changer si souvent de tête. — Non, la forme républicaine, à au-

cun point de vue, ne convient à la France ; —
le suffrage universel, tel qu'il est constitué, est
lui-même un obstacle au bon et durable fonctionnement d'une République; la masse des citoyens n'est pas à la hauteur des devoirs graves
et difficiles qui incombent aux pays républicains.

Ce qu'il faut à la France, c'est un Gouvernement *monarchique, héréditaire et représentatif*,
qui, par sa constitution, lui apporte les avantages d'une République, moins les inconvénients
qui en résultent. — Ce qu'il lui faut, c'est un
Pouvoir qui soit un trait d'union entre son passé
et son présent, pour être la garantie de son avenir. — La constitution monarchique de l'État
n'a-t-elle pas son modèle et son image réduite
dans la constitution de la famille, ce petit État
en miniature, — à laquelle nous n'empruntons
pas assez nos termes de comparaison?

Plus la France voudra développer ses libertés, plus elle devra fortifier son unité et se constituer dans la stabilité; plus elle recourra à
l'élection pour les degrés inférieurs de sa hiérarchie, moins elle devra y recourir pour le
degré supérieur. — Plus les rouages de la machine gouvernementale seront mobiles, moins
devra l'être le rouage moteur, et plus devra être
fixe le pivot sur lequel elle tourne. — Est-ce que
l'essieu ne reste pas immobile pendant que la
roue exécute ses rotations, et le mouvement
utile de cette dernière ne dépend-il pas de la

fixité du premier? — Est-ce que le soleil ne reste pas fixe, pendant que les planètes accomplissent, autour de lui, leurs révolutions régulières et merveilleuses? — Est-ce que le jeu d'un levier, quelque puissant qu'il soit, serait possible sans un point fixe et résistant? Eh bien! ce point fixe, ce centre de gravitation politique, c'est la Monarchie héréditaire qui nous le donnera. C'est elle qui sera, dans la grande machine sociale, au mécanisme compliqué, l'arbre de transmission du mouvement. — Plus la France sera monarchique par en haut, plus elle pourra, sans danger, être démocratique par en bas.

Qu'elle s'affirme franchement monarchique et constitutionnelle; qu'elle aille au-devant d'un bon Gouvernement représentatif, sagement libéral, au lieu de se préparer un maître absolu, qui s'imposerait à elle, un jour ou l'autre, et qui viendrait, recommençant une comédie qui nous a été fatale, lui demander, par pure formalité, la consécration d'une usurpation inévitable et déjà consommée. Que la France, mieux avisée, sache se préserver de ces constitutions qui s'efforcent de sauver les apparences en retenant la réalité. Que, par un acte de haute sagesse, elle aille, par sa représentation, au-devant de la Monarchie de son choix, débattre, avec cette dernière, les conditions de leur coexistence. — Alors, elle aura une Monarchie vraiment nationale au lieu d'un Pouvoir d'aventure, — et une constitution réellement de son choix, au lieu d'une de ces constitutions qui font de la liberté une fiction, du contrôle national, une dérision; qui ne masquent que le despotisme, et qu'un plébiscite met dans l'obligation d'accepter tout d'une pièce, ou de rejeter tout entière, sans discussion préalable et sans amendement possible.

Les inconvénients de l'hérédité seront incomparablement moins graves que ceux résultant des changements perpétuels, qui, dans une République, s'accomplissent de la base au sommet, sans garantie, le plus ordinairement, de la part de ceux qui sont appelés aux postes les plus élevés de la hiérarchie sociale; ces inconvénients sont nécessairement fort rares, et ils se trouveraient toujours corrigés par la représentation nationale, devenue une puissance réelle; ils seraient annulés sous l'empire d'une constitution qui, en laissant, au monarque, assez d'action pour le bien, ne lui en laisserait pas assez pour le mal. « L'hérédité, —dit M. Keller (1), l'éloquent » député et l'ardent patriote de l'Alsace, — l'hé» rédité est dans l'État, comme au foyer domes» tique, un principe de Pouvoir stable et indé» pendant. » — Dans un État despotique, la valeur personnelle du monarque est essentielle; — dans un État franchement représentatif, elle est d'une importance secondaire : l'histoire de l'Angleterre le démontre avec évidence. Souvent, au contraire, le salut d'un État républi-

_____

(1) *Histoire de France* en deux volumes, 2ᵉ volume.

cain dépend d'un seul homme, et malheur à la nation si cet homme venait à lui faire défaut !

Par une Monarchie représentative, la France aura un dépositaire suprême de l'autorité à poste fixe, un système fixe, en ses points essentiels. — En fermant la porte des révolutions, elle laissera toujours ouverte celle des améliorations. Qu'il me soit permis d'exprimer quelques-uns de mes *desiderata*.

XVII.

Essai de constitution.

La France devra proscrire les candidatures officielles, de quelque part qu'elles veuillent se produire, non moins que les scrutins de listes, cette détestable invention républicaine, qui n'est propre qu'à fausser les élections, à grandir les difficultés que rencontre l'électeur, pour émettre un vote vraiment consciencieux.

— Que la France ait soin de circonscrire, dans ses limites normales, le pouvoir souverain, d'en contrôler sérieusement l'exercice, et de régler son action de telle sorte qu'elle doive toujours se combiner avec celle de la représentation nationale. — Il faut que le pouvoir marche avec le pays plutôt que de vouloir le précéder ; qu'il soit comme un mandataire à procuration limitée, afin qu'il ne puisse l'engager malgré lui et le compromettre témérairement, sauf à lui de-

mander ensuite une approbation illusoire et rétros-
pective. Que le monarque, ainsi qu'en Angleterre, ne soit pas directement en cause dans les
luttes que soulèvent les problèmes sociaux;
qu'il soit à couvert derrière la responsabilité
ministérielle; qu'il réside dans la région du respect, dans une région que ne puissent atteindre les
orages politiques. Que son pouvoir n'ait que deux
mobiles, et qu'il ne puise ses inspirations que
dans la représentation nationale, et dans les
principes de justice, contre lesquels il ne saurait exister aucun droit.

Le pays devra rechercher quels sont les
moyens les plus propres à constituer le corps
électoral de façon à ce que tous les intérêts sociaux soient assurés d'une part égale de sollicitude et de représentation; — quels sont les
moyens les plus sûrs de faire vivre en bonne
intelligence le suffrage universel et les véritables
intérêts de la patrie, en rendant ce premier plus
éclairé, en améliorant et en facilitant son fonctionnement, en le préservant des influences pernicieuses et des entraînements passionnés, non
moins à craindre que les candidatures officielles.
— Et l'on sait le rôle funeste que jouent dans
l'ombre, dans ces circonstances, les loges franc-
maçonniques, et au grand jour, les innombrables
journaux qui en sont les organes plus ou moins
avoués.

Ne serait-il pas convenable de reporter à
vingt-cinq ans la majorité politique de l'élec-

teur? Est-on, en général, bien apte, à vingt et un ans, à remplir les graves devoirs que comporte la qualité d'électeur?

Ne serait-il pas nécessaire de préciser quelques conditions particulières auxquelles devraient satisfaire nos législateurs et nos représentants, et qui seraient une garantie publique, en même temps qu'un certificat de leur aptitude au grand rôle qu'ils ont à remplir? — Pourquoi, par exemple, ne leur imposerait-on pas l'obligation d'appartenir déjà à la représentation départementale, ce qui leur permettrait de s'initier à la direction des affaires publiques, et de donner la mesure de leur valeur morale, politique et administrative? — Est-il bon que, n'ayant fait aucun apprentissage dans l'art si difficile du gouvernement, on puisse arriver, d'un seul bond et sans préparation, des régions étroites et obscures de la vie privée, aux suprêmes fonctions de la vie publique? — Quoi! on multiplie les épreuves et les examens pour la moindre fonction, et on n'exigerait aucune garantie de la part de ceux aux mains desquels est confiée la vie sociale, et qui peuvent tout pour le bonheur ou le malheur de la société! — Est-il bon que l'on puisse être pontife avant d'être lévite? est-il rationnel que l'on puisse devenir docteur ès sciences sociales, avant d'avoir fait un stage, et d'avoir pris ses inscriptions? — Et ne serait-ce pas, à la fois, le meilleur moyen de rendre impossibles les candidatures officielles,

— même déguisées, — et d'éviter les intrigues des partis, en chargeant nos corps électifs d'être une école préparatoire à de plus hautes fonctions électives? — Par là, d'une manière indirecte, ceux-ci éclaireraient le suffrage universel, dont ils procèdent eux-mêmes ; ils préviendraient, dans une certaine mesure, ses écarts et ses abus. — En même temps, les corps électifs seraient reliés les uns aux autres ; les assemblées départementales le seraient avec la représentation nationale, au lieu d'être séparées complétement, comme elles le sont ; les corps électifs se pondéreraient les uns les autres ; le suffrage universel ne serait plus si exposé à se mettre en contradiction avec lui-même ; il aurait plus de poids, plus de cohésion, plus de suite, plus de liberté en même temps que plus de lumières ; il se corrigerait par lui-même, il serait à lui-même son modérateur.

Non, jamais, si nous comprenons bien l'importance d'une représentation nationale, nous ne prendrons trop de précautions pour qu'elle soit l'expression vraie des aspirations et des besoins de la nation, pour qu'elle soit élue avec intelligence et liberté, et pour qu'elle soit dignement composée. — Jamais, nous ne prendrons assez de précautions pour que la source de nos lois soit pure, pour que la majesté de nos assemblées réponde à la majesté de la nation ; pour que ces dernières brillent, comme le pouvoir, des trois grands caractères que doit revêtir la souveraineté, à tous ses degrés : intelligence, force et dévouement : intelligence sociale, force morale, dévouement sérieux et effectif.

L'assemblée de nos représentants devra trouver, elle-même, son contrôle, dans une seconde assemblée, chargée, à son tour, de pondérer la première, de la retenir, de la modérer, ou de consacrer la valeur et la bonté de ses actes. Dans cette assemblée, les intérêts constitutionnels auront surtout leur point d'appui et une protection vigilante. — C'est ainsi, du reste, qu'agissent les nations renommées par la stabilité de leurs constitutions ; c'est ainsi qu'agissent même les États-Unis d'Amérique, que nous citons trop souvent à tort et à travers, et que nous devrions un peu plus imiter dans ce qu'ils ont de bon, de sage et de praticable. Et si nos Républiques ont toutes commis la faute grave de n'admettre qu'une assemblée unique, elles n'ont pas eu à s'en applaudir. — Les membres de cette deuxième assemblée, comme ceux de nos cours et tribunaux, devraient évidemment être inamovibles, et leur indépendance devrait, en outre, être assurée, — comme celle des membres de la première, — par la gratuité des fonctions, qui n'ouvriraient qu'un droit à une indemnité. Cette gratuité, en écartant les ambitions vulgaires, n'attirera que les illustrations doublées de dévouement et de désintéressement.

Quel serait le mode de nomination de cette assemblée ? — Sans prétendre trancher la question j'émettrais le vœu qu'elle fût, par moitié, nommée par l'autorité souveraine et par nos conseils départementaux. Puisqu'elle doit être l'intermédiaire entre le pouvoir et la nation, puisqu'elle doit être gardienne du contrat passé entre eux, il me semblerait logique qu'elle procédât, dans une égale mesure, du pouvoir et de la nation. — Mais le corps électoral ne devrait pas non plus élire directement les membres d'une assemblée ayant pour mission de contrôler une autre assemblée déjà issue de l'élection directe ; — et nos conseils généraux, sortis du suffrage universel, seraient très-bien placés pour former le corps électoral, chargé, concurremment avec le pouvoir central, de désigner, pour une moitié, les membres de cette seconde chambre. — Le nombre de ces derniers, au lieu d'être variable, serait fixe et immuable, ce qui constituerait un avantage et une garantie de plus.

XVIII.

Fruits de stabilité et de vrai progrès. — Réponse à quelques objections.

Je n'ai, certes, pas la prétention de donner des solutions infaillibles à ces graves et vitales questions constitutionnelles. Je livre seulement quelques idées personnelles à l'appréciation des hommes compétents, tout disposé à souscrire à des combinaisons meilleures. — Préoccupé de voir se fonder l'alliance de l'autorité et de la liberté, je recherche, à rebours de ce que nous avons fait jusqu'ici, les moyens de restaurer l'une sans sacrifier l'autre, de sauvegarder les intérêts du présent sans compromettre les intérêts de l'avenir, et d'accorder, dans une féconde harmonie, le progrès avec la stabilité, la force du pouvoir avec les aspirations légitimes du pays. — Je veux voir finir la révolution, sans retomber dans l'absolutisme, même déguisé, — et je veux prévenir les chutes du pouvoir, qui ne se font qu'au bénéfice de la révolution et au grand dommage de la société. — Je veux que l'on ne proscrive que les abus et les erreurs, que l'on démêle et que l'on conserve les avantages et les vérités; que l'on sépare ce qui est praticable de ce qui est utopiste; que l'on reconstitue notre système politique avec tous les éléments monarchiques et démocratiques dont l'expérience et la raison ont démontré la bonté et la légitimité. — Je cherche enfin à reconstruire notre machine sociale d'une manière plus complète que ne le font les systèmes exclusifs. Après l'avoir dotée d'un pivot fixe et bien établi, je cherche les moyens d'améliorer et de régulariser le jeu de ses rouages, et d'accompagner les ressorts moteurs, d'où part l'impulsion et la vie, de ressorts modérateurs qui empêchent le mouvement d'être funeste et désordonné, et qui préservent les forces motrices d'une stérile déperdition.

C'est parce que je veux tous ces biens, que je

conclus contre la République. Aucun progrès,
en France, n'est possible avec une République :
toujours, les questions sociales, politiques,
administratives, économiques, ne recevront que
des solutions incomplètes, précipitées, témé-
raires, changeantes comme les hommes qui
arrivent au pouvoir, et opposées comme les
systèmes dont ils sont les partisans; toujours,
ces grandes et vitales questions seront subalter-
nisées par les questions de personnes, mises au
second plan, dominées par les compétitions ri-
vales, préparant à l'avance, d'une manière permanente, le triomphe de leurs candidats ou la
revanche de leurs défaites. — Par la Monarchie
représentative, les compétitions sont écartées
des régions supérieures, modérées dans les régions secondaires; la société est dans la pleine
possession d'elle-même et de son avenir; son
horizon est dégagé des nuages; — non-seulement
l'ordre a sa garantie, et n'est plus abandonné
au hasard des événements; mais le progrès peut,
à son aise, poursuivre son œuvre civilisatrice
dans toutes les branches de l'activité humaine;
il a, comme l'ordre, sans lequel il ne saurait
exister, un point d'appui fixe et assuré, pour
soulever les obstacles dont sa route est semée.
— L'esprit de suite, l'esprit de continuité, — conditions indispensables de tout progrès, — rempla-
cent l'esprit d'aventure, d'inconstance et de
mobilité, qui se donne carrière dans les temps
de République; — et l'initiative constante d'une

représentation sérieuse du pays l'empêche de dégénérer en un esprit de routine et d'aveuglement.

En temps de République, le faux progrès s'avance avec le vrai, et annule ce dernier; les forces de la nation se dissolvent et se perdent, à force de se répandre. — Avec la Monarchie représentative, et ses institutions pondératrices, la société s'avance avec précaution; elle reconnaît le terrain avant de s'y établir; comme une armée bien conduite, elle occupe fortement les bonnes positions qu'elle a conquises, et ne les abandonne pas à la légère pour se porter en avant. — Sa marche prudente et réglée ne l'expose pas à des reculs funestes et à des désastres irrémédiables.

Est-ce à dire que la Monarchie héréditaire, représentative et constitutionnelle est à l'abri de toute faute et de tout écart? Est-elle la perfection? Non. — Elle est seulement, pour la France, le Gouvernement le mieux approprié, et le moins imparfait. — Avec les hommes, rien de parfait, rien d'absolu. — Est-ce que la République n'est pas, elle aussi, un Gouvernement régissant des hommes par des hommes? — Et c'est parce que les Gouvernements monarchiques sont entre des mains d'hommes, que je ne les veux pas absolus. Je ne consens à un Gouvernement absolu que de la part de la Perfection même, — de Dieu.

Ainsi, la France, monarchique par tradition, par sentiment, par instinct, doit l'être par raison, par réflexion, par conviction ; loin de craindre pour ses libertés, elle ne pourra les maintenir et les développer que sous une Monarchie vraiment représentative ; c'est par cette forme gouvernementale qu'elle réunira définitivement les bienfaits de l'ordre et de la liberté.

Les méfiances que rencontre actuellement, chez quelques-uns, ce mode de Gouvernement, ne sont que des préjugés ayant leur origine dans les maux qu'a faits, à la France, le régime impérial, et ces préjugés sont naturellement exploités avec ardeur par les partis républicains de toutes nuances. Mais quand donc cesserons-nous de confondre les réalités avec les apparences, d'apprécier les choses par les noms dont on décore leurs simulacres ? — Rien ne ressemble moins à une Monarchie représentative que le Gouvernement impérial, — et les républicains devraient moins nous en parler, puisque ce n'est qu'à la faveur d'une République que ce Gouvernement a pu s'introniser en France, et devenir possible. — Ainsi que nous l'avons vu, c'est un argument qui se retourne contre les républicains, et qui ne peut que fortifier notre thèse. Une République nous ferait fatalement retomber sous un pire régime ; et c'est parce que nous n'en voulons plus, que nous supplions la France de s'en garantir, en se constituant en une Monarchie représentative et constitutionnelle, qui soit enfin une vérité et une réalité, au lieu d'être une fiction et un leurre. — Quelle différence, nécessairement, n'y aurait-il pas entre un pouvoir donné et un pouvoir conquis; entre un Gouvernement qu'elle appellera librement, qu'elle se donnera volontairement, avec lequel elle débattra les conditions de leur coexistence, — et un pouvoir qui s'emparerait d'elle par la violence, se maintiendrait par la force et l'adresse, lui imposerait ses lois, et les lui ferait accepter par la crainte d'un pis-aller?

XIX.

La Monarchie traditionnelle, — et la Maison Royale de France.

Ce qu'il faut à la France, sous le bénéfice des conditions dont nous venons d'indiquer le sens général; — ce qu'il faut à la France pour la préserver des aventures politiques et des commotions sociales, pour éviter le despotisme et la démagogie, et pour fixer enfin, sur son sol mouvant, les libertés compatibles avec les droits de tous et avec l'exercice de l'autorité, — ces libertés que le bruit de nos luttes effarouche, et qui s'envolent à tire-d'aile plus nous dépensons d'efforts à les rappeler; — ce qu'il faut à la France, c'est son retour à sa Monarchie traditionnelle : à la France, il faut sa Monarchie française!

Il faut faire cesser l'exil qui retient, depuis

trop longtemps, la France loin de la Maison de Bourbon, et la Maison de Bourbon loin de la France. Il faut que la France, non-seulement rouvre ses portes, mais ouvre aussi ses bras au Chef de cette illustre Maison, qu'elle commence à connaître et à apprécier; qui est digne d'elle, et digne de ses ancêtres les plus renommés. Écoutez M. Guizot, parlant de ce Prince, dans sa lettre du 23 mai : « Il est, dit-il, le premier » Prince de la Maison de France, toujours tran- » quille et digne, dans son long exil ; il n'as- » pire, suivant sa propre expression, qu'à être » le *fondé de pouvoirs* de la France libre, et il » n'a besoin que de la bien connaître pour la » bien servir. » Il faut que la France rouvre ses bras après avoir rouvert ses portes aux autres rejetons de cette noble race, aux membres ac- tuels de la famille d'Orléans, qu'elle a appris, — depuis plus longtemps, et plus facilement, — à connaître et à estimer; qui tous ont été formés à l'école de ses propres enfants, et à cette rude école pratique que l'on appelle l'Algérie, — ce dernier fleuron dont la branche aînée a orné la couronne de la France, en partant pour l'exil; —et qui sont accourus, au jour de l'infortune, se mêler à ses défenseurs, pour combattre et mou- rir avec eux.

XX.

**Henri de Bourbon, — sa vie, — ses sentiments, —
ses principes, — sa politique.**

La lumière se fait enfin sur Henri de Bourbon, sur ce Prince qui, depuis quarante ans,
proscrit du sol francais, passe sa vie, — non pas à
conspirer, non pas à nouer des intrigues, à profiter des occasions qui se présentent pour s'em-
parer du pouvoir, — mais à connaltre les hommes
et les choses, à étudier les grands problèmes de
la vie sociale, à se rendre compte des besoins
réels et des aspirations légitimes des peuples, à
s'identifier avec les temps nouveaux, à observer
les événements qui se pressent, plus que jamais,
dans leur cours précipité, et qui renferment des
leçons terribles dont le sens n'échappe qu'aux
aveugles volontaires. — La lumière se fait sur
Henri de Bourbon, dont les vertus privées et
chrétiennes brillent d'un éclat que n'a osé ternir
l'esprit de haine et de calonmie, si commun
parmi nous. — Ce n'est pas une de ces lumières
soudaines et factices qui trompent la vue au lieu
de l'éclairer; c'est une lumière dont l'éclat est
naturel, progressif et soutenu, comme celui de
la vérité; car Henri de Bourbon a dédaigné tout
éclat emprunté; toujours digne et toujours à son
rang, il a attendu que le temps, qui seul fait les
bonnes renommées, le fit connaltre au pays; il n'a

jamais *posé;* il n'a jamais demandé, à ce crieur public, que l'on appelle le journalisme, de battre sa grosse caisse au profit de sa personne. — La lumière se fait de plus en plus, à son sujet, malgré son long exil, malgré les conditions tout à fait défavorables qui résultent, pour lui, de son éloignement forcé et des prohibitions ombrageuses du Gouvernement impérial; elle se fait néanmoins, car il n'a pas seulement beaucoup écrit et correspondu, mais il a été, depuis trente ans, *en rapports directs* tant avec les sommités de l'étranger, qu'avec des centaines et des milliers de Français de toute condition, de tout rang, de tout parti; — et les ouvriers, les artisans qui l'ont vu et entretenu, comme les hommes des classes les plus élevées, comme ses adversaires politiques et les quelques républicains qui l'ont approché, ont tous rapporté, de leurs entrevues avec lui, l'estime, le respect, la vénération pour sa personne et pour son caractère.

Un de ces derniers, M. Ch. Didier, dans une brochure très-curieuse datée de 1849, qui eut un grand retentissement et beaucoup d'éditions (1), le proclame franchement « un honnête » homme dans toute la force du terme. » Il lui reconnaît, comme tous ceux qui l'ont vu, « une » grande droiture de cœur et d'esprit, un vif » sentiment du devoir et de la justice, uni à » l'amour du bien..... une grande bonté, une

___

(1) *Une visite à M. le duc de Bordeaux.*

» générosité naturelle incontestable et incon-
» testée. » « L'esprit de parti, écrit-il, le repré-
» sente comme un absolutiste, et c'est comme
» tel qu'il apparaît à la foule du fond de son
» exil; la vérité est qu'il n'y a peut-être pas,
» dans toute l'Europe, un constitutionnel plus
» sincère que lui... C'est presque un libéral
» de la Restauration. »

L'expérience et le temps ont mûri ses idées, et si la France, comme Alexandre le Grand, demandait que la couronne appartînt au plus digne, elle devrait encore la donner à ce Prince, d'autant plus digne de la porter, qu'il s'est plus abstenu de toute violence dans sa revendication. Il n'est qu'une chose qu'il a toujours énergiquement revendiquée : son amour persistant pour la France ! — Loin de la patrie, son cœur y a toujours battu; son esprit ne s'en est jamais exilé, et rien de ce qui l'intéressait, ne l'a trouvé étranger ou indifférent. — Écoutez ce cri de son cœur dont la sincérité a sa vie tout entière pour garantie : « Puisse-t-il venir ce jour, si longtemps
» attendu, où je pourrai enfin servir mon pays !
» *Dieu sait avec quel bonheur je donnerais ma*
» *vie pour le sauver.* » — Quelle différence entre ces accents d'un royal amour et d'un suprême dévouement, — et les protestations affectées de l'ambition mercenaire et égoïste, cherchant à se masquer sous les dehors d'un faux désintéressement !
— Ah ! je comprends que les sociétés secrètes, — et que le journalisme qui s'y inspire, — le

combattent et le proscrivent, car il n'a pas passé,
avec ces puissances ténébreuses, de ces compromis honteux pour ceux qui les font, désastreux pour ceux qui en sont le prix. — S'il n'a
jamais recherché, avec l'ardeur que d'autres y
ont mise, le souverain pouvoir, c'est qu'il voyait
plutôt les grands devoirs qui en dérivent, que les
vaines satisfactions qu'il promet; *c'est qu'il ne
voulait point être roi de la France malgré
elle;* c'est qu'il ne voulait point faire un but
d'ambition vulgaire d'une grande charge, qui
lui apparaissait ce qu'elle est, une redoutable
vocation. « On peut, disait-il, sacrifier un droit;
» un devoir, jamais. » — Jamais, en effet, il ne
s'est refusé à consacrer sa vie au bonheur des
Français; chaque fois que la France terminait
une de ces nombreuses expériences qui ne par-
venaient pas à l'éclairer, il s'est mis franchement et noblement à sa disposition, mais attendant toujours l'heure de la France et l'heure de
la Providence, pour remplir la grande mission
à laquelle il se sentait appelé.

Ce n'est point un Prince rétrograde, entêté
dans des maximes surannées, partisan d'institutions vieillies et justement condamnées; ce
n'est pas non plus un de ces politiques à vues
mobiles et à principes variables comme les circonstances, cherchant la popularité à force de
complaisances aux passions du moment : c'est
un homme du temps et de l'époque, qui, dans
ses discours comme dans ses écrits, se montre

animé du libéralisme politique le plus éclairé, le plus sage et le plus sincère ; mais c'est un homme à principes solides, consistants ; son langage d'aujourd'hui est d'accord avec le langage qu'il tenait il y a vingt ans : de combien peu d'hommes d'État pourrait-on en dire autant ?— C'est un homme de fonds, un Prince dont la parole mérite confiance ; en un mot, c'est un noble et grand caractère politique, c'est-à-dire un de ces caractères devenus si rares dans notre siècle inconsistant et sans grandeur.

Dans ses paroles comme dans ses écrits, on voit non-seulement briller un esprit solide, mais on sent vibrer un cœur éminemment français, un cœur plein de dévouement, résolu à tous les sacrifices pour le bonheur de la France : en un mot, un cœur vraiment royal. — Ses conversations à ses visiteurs, comme ses lettres à ses amis, comme ses proclamations aux Français, démontrent surabondamment qu'il est profondément versé dans les sciences politiques, sociales et économiques ; — elles révèlent qu'il a sondé, d'une main sûre et d'un esprit sagace, ces grands problèmes qui touchent aux classes ouvrières ; qui sont chers aux vrais amis du peuple, et qui, hélas ! par les efforts de la Révolution, sont devenus une nouvelle épée de Damoclès, une menace constamment suspendue sur la tête de la société ; ces problèmes qui deviennent, entre les mains des meneurs de révolutions, des matières explosibles et des torches incendiaires !

Je voudrais, à ce sujet, pouvoir citer quelques pages admirables de ce Prince, qui, en traitant avec tant de cœur, de tact sûr et de vues élevées, ces questions bouleversées par l'esprit révolutionnaire, témoigne si bien qu'il sera réellement, comme il aime à le dire : « *le Roi de Tous.* »

Écrits et discours déposent en faveur de son tact politique ; ils établissent, d'une façon péremptoire, qu'il est acquis à tous les principes d'un gouvernement sagement libéral, sérieusement et sincèrement représentatif. La politique qu'il veut inaugurer en France, c'est une politique de conciliation, et « *il croit que lui seul peut en faire.* » « C'est une politique, écrivait-il en » 1851 à l'illustre Berryer, — qui met en ou- » bli toutes les divisions, toutes les récrimina- » tions, toutes les oppositions passées » (1). Il veut « rallier autour de lui toutes les capacités, » tous les talents, toutes les gloires, tous les » hommes qui, par leurs anciens services, ont » mérité la reconnaissance du pays. » Dans sa proclamation de 1852, où il s'efforçait de prémunir la France contre les illusions que faisait naître en elle l'avénement du nouvel empire, « illusions, disait-il, qui tôt ou tard lui seraient » funestes, » il fait entendre ces belles paroles, qui pouvaient s'appliquer à son avenir comme à son passé : « Je ne me pardonnerais pas d'avoir

(1) M. Ch. Didier, *Une visite à M. le duc de Bordeaux.*

» pu, un seul moment, aggraver les embarras et
» les périls de ma patrie. Séparé de la France,
» elle m'est chère et sacrée autant et plus encore
» que si je ne l'avais jamais quittée. J'ignore s'il
» me sera donné de servir un jour mon pays;
» mais je suis bien sûr qu'il n'aura pas à me
» reprocher une parole, une démarche qui puisse
» porter la moindre atteinte à sa prospérité et à
» son repos. » — Dans un document daté de
1866, fixe dans ses principes, et reproduisant
les pensées émises par lui dans des lettres et dans
des documents divers, il formule ainsi qu'il suit
les points essentiels de la Constitution qu'il veut
pour la France :

« Un Pouvoir fondé sur l'hérédité monarchi-
» que, respecté dans son principe comme dans
» son action, sans faiblesse comme sans arbi-
» traire; le Gouvernement représentatif dans sa
» puissante vitalité; les dépenses publiques sé-
» rieusement contrôlées; le règne des lois; le
» libre accès de chacun aux emplois et aux
» honneurs; la liberté religieuse et les libertés
» civiles consacrées et hors d'atteinte; l'admi-
» nistration intérieure dégagée des entraves
» d'une centralisation excessive; la propriété
» foncière rendue à la vie et à l'indépendance
» par la diminution des charges qui pèsent sur
» elle; l'agriculture, le commerce et l'industrie
» constamment encouragés, et au-dessus de tout
» cela, une grande chose : l'honnêteté ! l'hon-
» nêteté qui n'est pas moins une obligation dans

» la vie publique que dans la vie privée ! l'hon-
» nêteté, qui fait la valeur morale des États
» comme des particuliers ! »

Au sujet de la conduite qu'il entendait tenir
dans ses rapports avec l'Église, s'il devenait Roi
de la France, il faisait, en 1857, cette remarquable déclaration : « Nul doute que je ne sois dis-
» posé à laisser à l'Église la liberté qui lui ap-
» partient, et qui lui est nécessaire pour le
» gouvernement et l'administration des choses
» spirituelles, et à m'entendre constamment pour
» cela avec le Saint-Père. Mais, de leur côté, les
» évêques et tous les membres du clergé ne sau-
» raient éviter, avec trop de soin, de mêler la
» politique à l'exercice de leur ministère sacré,
» et de s'immiscer dans les affaires qui sont du
» ressort de l'autorité temporelle, ce qui n'est
» pas moins contraire à la dignité et aux intérêts
» de la religion elle-même qu'au bien de
» l'État » (1). — Qu'ils se rassurent donc, ces

(1) Je voudrais pouvoir multiplier ces citations ; mais
alors, il me faudrait reproduire *in extenso* la correspon-
dance, récemment publiée, de l'auguste héritier de saint
Louis. Je renvoie donc le lecteur à l'ouvrage intitulé :
HENRI V ET LA MONARCHIE TRADITIONNELLE, dont je
ne saurais trop recommander la lecture à toutes les
personnes de bonne foi, qui veulent bien connaître les
hommes, pour les bien juger. — Cet ouvrage est le
portrait le plus attachant et le plus fidèle du duc de
Bordeaux ; car le Prince y est peint constamment *par
lui-même et par ses écrits*, plus connus à l'étranger qu'en
France. Cet ouvrage, dont les éditions se sont si rapi-
dement multipliées, permet au lecteur de juger en toute
connaissance de cause, et sur pièces. Beaucoup de per-

esprits prévenus, prompts à s'effaroucher rien qu'avec des mots : nous aurons un Pouvoir chrétien, mais nous n'aurons pas de Pouvoir théocratique, dans le sens que l'on a donné à ce mot.

Et dans sa belle et noble proclamation d'octobre 1870, — écrite sous l'impression des malheurs de la France, — et où il s'offre de nouveau comme « un gage de conciliation et de sécurité, » il termine par ces mots, dont la réalité, dans sa pensée, a pour garantie sa vie tout entière : « Tout pour la France, par la France, et avec la France ! »

XXI.

Les préjugés.

Que la France réponde à cet appel ; qu'elle retourne à sa Monarchie traditionnelle ; qu'elle se rende aux inspirations du bon sens, dont la voix commence à se faire entendre des cœurs français, et à éveiller de toutes parts les plus

sonnes s'étonneront de ce qu'elles y apprendront sur le compte de l'illustre Exilé, et bien peu, je le crois, pourront fermer ce livre, sans se sentir pénétrées d'estime, de confiance et de vénération pour la personne et pour le caractère du Chef de la Maison de France. — Alors, comme moi, elles salueront en Lui l'Espoir de l'avenir, le Rénovateur et le Restaurateur de la France ; elles appelleront l'avénement de son règne avec toute l'ardeur que peut inspirer le Patriotisme.

vives sympathies en faveur de cette Monarchie.
Ses représentants sont tous dignes de la France,
par leur esprit et par leur cœur; ils sont à la
hauteur des devoirs difficiles que comporte, plus
que jamais, l'exercice du pouvoir suprême, et
à la hauteur des dévouements soutenus et
éclairés que nécessitent les malheurs du temps.

Que les préventions tombent; qu'ils s'é-
vanouissent, ces préjugés que l'esprit de parti
sème avec ardeur dans les esprits, qu'une
presse haineuse, prévenue, et souvent sans conscience, y cultive à l'envi, et qu'elle y développe par des efforts journaliers. — Il est tant
d'hommes et tant d'écrivains politiques qui
n'ont rien appris et rien oublié; qui agissent,
sur l'opinion, comme des nourrices insensées
agissent sur les enfants : par la peur. Oui, les
préjugés qui, trop souvent, tiennent le sceptre et
la balance dans notre esprit, ne sont dus qu'à
des peurs de fantômes; ils sont la honte de notre
intelligence qu'ils rétrécissent, de notre logique
et de notre bon sens qu'ils faussent. On ose encore essayer de nous effaroucher par le spectre
des priviléges de castes; comme si le siècle n'a-
vait pas marché; comme si les réformes libé-
rales et égalitaires, en tout ce qu'elles ont de
naturel et de légitime, n'étaient pas définitivement acquises; comme si tous les gouvernements
qui régiront la France pouvaient être assez stu-
pides pour essayer de les combattre; comme si
le règne de ces derniers n'était pas frappé de

déchéance dès le jour qu'ils commettraient cet
attentat; comme si les plus illustres défenseurs
des doctrines de l'égalité civile et des sages
libertés politiques n'étaient pas, en même temps,
les plus illustres avocats de la cause monarchique! N'est-ce pas le cas de dire, avec je ne
sais quel auteur : « Ceux qui, actuellement,
» crient aux priviléges, auraient crié au feu
» pendant le déluge! » — Non, pour croire que le
règne des priviléges injustes et surannés est
aboli à jamais, je n'ai pas besoin des déclara-
tions explicites répétées, depuis trente ans, dans
les proclamations et dans les lettres du descendant de nos Rois : je n'ai besoin que de connaître mon époque.   •

Depuis longtemps, du reste, dans le xviiie siècle, la transformation sociale s'était opérée dans
les esprits, et n'attendait plus que sa consécration
par les lois ; tout le monde sentait la nécessité du
changement, que l'intérêt privé, seul, essayait encore de retarder. Mais rien n'aurait pu s'opposer
efficacement au triomphe des saines idées de liberté, d'égalité, de représentation nationale. —
Et si la France avait procédé, avec sagesse, à
sa transformation ; si l'obstination égoïste, d'une
part, — la violence révolutionnaire, de l'autre, —
et, dans tous les rangs de la société, l'esprit de corruption, de scepticisme et d'impiété, n'avaient im-
primé la plus funeste direction au mouvement
qui emportait tout le corps social ; — en un mot,
si la France avait remis le soin de son avenir à

une réforme sage et graduée, au lieu de se jeter dans les bras de la révolution aveugle et brutale, combien d'écueils n'aurions-nous pas évités ! Que la France, — au lieu du spectacle affligeant qu'elle nous offre depuis quatre-vingts ans, et dont les malheurs suivent un crescendo formidable ; — que la France, aujourd'hui, serait belle, heureuse, libre, grande et forte !

XXII.

Réconciliation de la France et de sa Monarchie. — Fruits de cette réconciliation.

La Royauté et la France, toutes deux, dans le passé, ont commis de grandes fautes, mais elles les ont largement expiées ; elles ont trop vécu séparées l'une de l'autre pour ne pas désirer mettre un terme à ce long et funeste divorce ; pour ne pas tendre à une union nouvelle et féconde, sur des bases conformes aux besoins vrais et aux aspirations légitimes. — Les temps difficiles de transition et de tâtonnement sont passés ; l'expérience, comme un crible, a, depuis longtemps déjà, séparé le bon grain du mauvais, le réel de l'imaginaire, et les bons principes des fausses doctrines avec lesquelles ils étaient mêlés et confondus. — Le temps des malentendus est passé, et, avec lui, le temps des tiraillements, des réactions, des colères, des vieilles rancunes et des mauvaises querelles. — Des générations nouvelles se sont élevées, désintéressées des passions de leurs devancières. Le temps des réconciliations est venu; les souvenirs amers doivent faire place aux oublis généreux, et ne plus voiler les grandeurs et les services du passé. — Il est temps d'élever, sur les ruines accumulées par nos luttes civiles, le temple d'une réconciliation générale et parfaite, où, lasses de se consumer dans l'antagonisme et la stérilité, viendront se grouper toutes les forces de la nation, pour travailler, avec la Monarchie traditionnelle, à reconstruire et à restaurer l'édifice social, et à faire vraiment, de la route de l'avenir, la route du progrès !

La Royauté et la France se connaissent de longue date; pendant de longs siècles, elles ont navigué de concert. Ensemble, elles ont fait de grandes choses; elles ont des souvenirs glorieux, des souvenirs de quatorze siècles; et, quoi que l'on dise, c'est l'une avec l'autre qu'elles ont préparé ces transformations, accomplies un jour par des mains violentes, qui ont voulu s'en prévaloir comme de leur œuvre exclusive, — comme si les grandes choses pouvaient s'improviser dans les grandes nations !

La France a été faite par la Royauté; et, si elle est défaite au dedans, si elle commence à se défaire au dehors, c'est la faute de nos révolutions !

La France et la Royauté sont toutes deux mûries par l'expérience et le malheur. — Une grande iniquité, un grand crime qui a pris les caractères d'un crime social, demande, pour l'honneur de la France, une solennelle réparation. — Ce crime a, sans doute, été une terrible expiation permise par la Providence, et poursuivie, en vertu de la solidarité de la race, sur une tête innocente et sur une famille auguste, dont les malheurs et les vertus émeuvent encore les âmes vraiment françaises; mais ce crime, et ceux qui l'ont accompagné et suivi, ont, à leur tour, été poursuivis par des châtiments qui semblent ne devoir prendre fin que par une réparation vraiment nationale.

Que la France et la Royauté se donnent donc enfin le baiser d'une réconciliation féconde, et d'un amour sincère et dévoué, — comme deux amis, séparés et désunis depuis longtemps, qui se retrouvent avec bonheur, et reconnaissent qu'ils s'aiment toujours. — Que toutes deux, renouant les traditions d'un passé long et glorieux aux conquêtes légitimes et définitivement acquises des temps modernes, travaillent ensemble au progrès des institutions dans la stabilité des principes; qu'elles reconstituent l'ordre social, sur la base d'un pouvoir chrétien et paternel, et sous la garde d'une autorité vraiment tutélaire, puisant une double force dans la Majesté divine, de laquelle seule toute autorité humaine découle, — et dans la consécration nationale, qui, cette fois, sera une consécration sérieuse, libre et volontaire, — et non plus un bill d'indemnité pour un fait accompli, pour une violence victorieuse, pour un coup d'État couronné de succès.

La vieille Monarchie française, toute jeune encore par les mérites divers et par l'illustration de ses membres nombreux, est la seule qui puisse faire le bonheur de la France; — la race des Bourbons, — duc de Bordeaux — ducs d'Orléans, — est notre seule race royale; seule, elle a des racines profondes; toute autre Monarchie ne pourrait être qu'une génération spontanée et éphémère; — plus le sol français est mouvant, plus il faut, à une Monarchie, des points d'appui profonds et résistants. — Chercher une autre Monarchie, grossir le nombre des partis, et des partis mécontents, serait une folie qui ne mérite pas l'honneur d'une discussion.

XXIII.

**Fusion des partis. — Fusion des deux branches
de la Famille Royale.**

Par la Monarchie traditionnelle et représentative, au lieu de multiplier les partis, nous les fusionnons : nous les forçons de dépenser leur activité au service de la patrie, au lieu de l'épuiser contrairement à ses intérêts. — Nous n'atteindrons pas ce but tant que nous ne satisferons qu'un parti, à l'exclusion des autres. Or, c'est par la Monarchie traditionnelle et représen-

tative que nous pourrons accorder le plus de satisfactions possible à tous les partis. C'est alors
que nous ferons vraiment de l'unité française, de
l'unité morale et politique. C'est la Monarchie
qui, dans le passé, a poursuivi cette grande œuvre de l'unité, et ce sera encore la Monarchie
qui, dans le présent, la complétera et la perfec-
tionnera. — Examinons, en effet, les partis qui
existent en France. — Ne parlons plus, que
comme d'un souvenir, du parti napoléonien,
parti factice qui s'est fondu comme une boule
de neige, et qui n'a plus guère, pour partisans,
que quelques hommes peu au courant des événements et de l'histoire du dernier règne, et
quelques autres retenus par les liens du sentiment ou de l'intérêt. — Le parti républicain,
envisagé dans ses éléments les plus honorables,
n'est pas, de beaucoup, le plus nombreux ; un
grand nombre de ses adhérents les plus res-
pectables ne sont pas des républicains de tradition. Ce serait donc déjà à ce parti, à faire,
aux autres, des concessions, plutôt qu'à ces derniers à lui sacrifier tous leurs principes et toutes
leurs préférences. Il n'y a pas de milieu entre des
concessions, ou des divisions, et la guerre civile.
Or, qui oserait encore déchaîner, sur la France,
ce dernier fléau? qui ne doit, s'il aime un peu
la patrie, désirer ardemment la fusion des partis? — Du reste, le petit nombre ne doit-il pas
plus d'égards au grand nombre, que le grand
nombre ne lui en doit à lui-même? Le seul devoir

du grand nombre est de ne jamais être op-
pressif.

Mais je ne me contente pas de cet argument;
je dis : les républicains honnêtes, qui aiment la
France avant la République; les républicains
sensés que l'expérience de notre troisième République, non moins que l'expérience des deux
autres qui l'ont précédée, doit éclairer surabondamment; les républicains honnêtes qui appren-
nent, une fois de plus, que cette forme de Gouvernement est toujours, en France, une occasion
permanente du mal, lors même qu'elle n'en serait pas la cause directe; les républicains honnêtes, sensés et patriotes, pourraient-ils se croire
tels, en combattant, avec acharnement, par
amour de leur système, un Gouvernement qui,
aux avantages d'une autorité forte, joindrait les
bienfaits d'une liberté sage, d'une représentation effective, et d'un contrôle sérieux? Ces trois
mots n'expriment-ils pas les points essentiels de
leurs revendications? — Les légitimistes, à leur
tour, auraient, dans la Monarchie traditionnelle,
le Pouvoir de leur choix. — Les orléanistes,
enfin, — qui sont aussi des monarchistes, —
ne seraient-ils pas également ralliés autour de
ce trône, dont la succession est assurée aux
princes d'Orléans, par le défaut de postérité du
Chef de la Maison de Bourbon? — Ne dirait-on
pas que ce défaut de postérité est une permission
de la Providence, qui, prenant en pitié les divisions de la France, a prévenu l'obstacle qui pou-

9

vait s'opposer à l'œuvre de la réconciliation? — N'avais-je pas raison de dire que la Monarchie traditionnelle et représentative est le seul Gouvernement qui puisse satisfaire et rallier le mieux les différents partis dont la France politique est composée?

O branches du grand arbre, dix fois séculaire de la Royauté française, réunissez-vous donc, et fusionnez-vous! Trop longtemps aussi, vous avez été divisées; l'une de vous avait voulu devenir la branche gourmande de l'arbre. Qu'êtes-vous devenues toutes deux? Qu'est devenue la France, à la suite de vos divisions? Quels maux ne lui a pas occasionnés votre long antagonisme? — Votre patriotisme, les malheurs de la France et ses dangers, exigent impérieusement que vous y mettiez un terme prompt. Les maux de la Patrie réclament un remède urgent, une assistance immédiate : c'est de vous tous, membres de sa Famille Royale, réunis dans une parfaite concorde, qu'elle attend ce remède et cette assistance : les princes ne sont point faits princes pour eux-mêmes, mais pour les peuples. Redevenez unis, comme on annonce que vous l'êtes en réalité; redevenez-le *ostensiblement*, et vous ramènerez en France l'unité politique et morale, et vous fondrez ensemble ces parties opposés et nombreux qui l'énervent et la tuent; c'est à la faveur de leurs discordes, que le mal social et politique se glisse, se fortifie et triomphe.

Le moment est propice : la guerre contre l'é-

tranger a préparé les voies à la conciliation générale. — Les nécessités de la défense ont forcé-
ment rapproché les partis. Si la paix quelquefois
désunit, le péril toujours rassemble. Les vieilles
inimitiés se fondent et disparaissent dans un
amour commun, dans un même patriotisme.
On sent de nouveau qu'on est frères, en travail-
lant, au prix des mêmes dangers et des mêmes
sacrifices, au salut, à l'honneur et à la déli-
vrance de la mère commune, de la Patrie. —
Et ici, encore, nos partis Monarchiques n'ont-
ils pas mérité, comme nos populations les plus
solidement chrétiennes, l'estime et la considération de la France? Ne sont-ce point ces partis
et ces populations qui ont montré le plus de générosité dans la lutte, et qui, avec moins de
paroles, ont donné le plus effectif concours,
compté le plus de victimes, déployé le plus d'efforts, et montré le plus d'abnégation? — Si la
table est l'entremetteuse de l'amitié, le champ
de bataille est l'entremetteur de la plus effective
des fraternités. — La Prusse a profité de la fraternité des armes pour son unification allemande;
mieux qu'elle, et d'une manière plus durable,
profitons-en pour reformer et resserrer les liens
de notre admirable unité française. Et ainsi,
nous n'aurons plus qu'un seul grand parti, le
seul qui devrait exister, le parti des Français!

Nous serons forts contre l'ennemi venant du
dehors; nous serons forts aussi contre l'ennemi
du dedans, contre cette démagogie qui est le

grand péril des temps modernes, mais qui n'est forte que par notre faiblesse, que par la division des conservateurs. Les ennemis du dedans pourront espérer triompher, tant que les hommes d'ordre poursuivront le cours funeste de leurs dissensions ; tant qu'ils renouvelleront les fautes de notre campagne de 1870, et qu'ils resteront éparpillés, comme nos armées l'étaient sur la frontière. Mais ces ennemis seront vaincus et tomberont à néant, dès que tous, nous aurons, enfin, effectué une prudente jonction.

XXIV.

La France clôt l'ère de ses Révolutions, — se reconstitue, — se régénère.

Que tu seras belle alors, ô ma France bien-aimée ! que tu seras forte, heureuse, puissante et respectée, quand, avec la Monarchie, tu auras retrouvé cette magnifique unité, qui te fuit depuis si longtemps, et que j'appelle de toute la ferveur de mon patriotisme ! Ton présent sera la garantie de ton avenir, et des jours de gloire ne tarderont pas à dissiper, par leur éclat, les tristesses de tes humiliations présentes ! — Ah oui ! nous aurons alors de beaux jours en perspective ! une époque de félicité sociale succédera à cette longue époque commencée au xviiie siècle, — époque tourmentée, chargée de malheurs, et marquée, chaque jour, par des bouleversements et des ruines. — Après avoir été ballottés si longtemps sur la mer orageuse des révolutions, — nouveaux Colombs politiques, — nous finirons par doubler définitivement le cap des Tempêtes, et par atteindre la terre ferme des vrais principes, le nouveau monde de nos espérances et de nos désirs ; — ou plutôt, nous joindrons ensemble, et nous ferons vivre en bonne harmonie, le vieux monde de l'autorité et le monde nouveau de la liberté : l'une deviendra tutélaire, l'autre restera sage, toutes deux seront réglées.

La France doit ainsi clore sa révolution. Elle est arrivée à cette époque, où, pour me servir de l'expression du comte de Maistre, s'est complétement opéré « le mélange des différents élé- » ments, qui, d'abord, s'étant choqués, ont fini » par se pénétrer et se tranquilliser. »

Nous avons eu un gouvernement qui s'est appelé le gouvernement de la défense nationale : nous aurons le gouvernement de la réconciliation et de la régénération nationales ; nous aurons la réconciliation des hommes, des partis ; la réconciliation de la France et de la Monarchie française, ainsi que la réconciliation des deux familles constituant la Maison Royale de France. — Nous aurons une France et une Monarchie toutes deux purifiées par le malheur, éclairées par l'expérience, toutes deux rajeunies, retrempées. Avec la Royauté, groupant, autour d'elle, tous les hommes de cœur et d'intelligence ; avec un clergé nouveau lui-même, pur et dévoué , et dont la guerre qui vient de finir a fait resplendir l'ardent patriotisme , nous lutterons contre le scepticisme et la corruption, — ces deux plaies qui menaçaient de nous dévorer, et sur lesquelles le Ciel vient de promener le feu de sa justice et de ses châtiments ; — nous travaillerons à redevenir un peuple croyant et vertueux, pour devenir un peuple de parfaits citoyens, pour retremper notre caractère et notre patriotisme à leurs sources pures et vivifiantes; à ces sources , où, il y a quelques mois , le *Constitutionnel* lui-même nous conseillait de nous rendre. Nous réformerons nos mœurs privées, et nous nous appliquerons à former nos mœurs publiques. — Le progrès matériel sera dominé par le progrès moral. — Les courants opposés de notre activité dévorante, qui n'ont abouti qu'à des chocs désastreux, se réuniront en un seul grand courant d'activité vraiment féconde et profitable à tous. Nous nous avancerons alors, sans secousses, sans révolutions, sans reculs, dans la voie des réformes politiques, des améliorations morales et matérielles.

Alors, on s'occupera de faire le bien du peuple, au lieu de faire son mal, ou de ne faire son bien qu'en discours; — car les questions à l'ordre du jour, les questions qui intéressent les classes ouvrières, ont été particulièrement l'objet des méditations et de la sollicitude du royal Exilé. — O mon frère de l'atelier, cesse de prêter l'oreille aux

conseils perfides de l'athéisme et de la révolution, et aux conseils intéressés de ses chefs et de
ses embaucheurs. Ils te promettent un paradis
terrestre, et ils te plongent, et la société avec
toi, dans un enfer toujours plus intolérable. —
Tourne-toi aussi vers la Monarchie chrétienne,
vers la monarchie de Henri V, qui, seule, par
les principes qui l'inspirent, pourra, en rendant
la société heureuse et prospère, te procurer la
somme de bonheur compatible avec notre condition terrestre.

Nos transformations seront l'expression vraie
de nos besoins; elles seront mûrement résolues,
prudemment opérées. Elles seront durables ,
car elles seront marquées, comme doivent l'être
les grandes choses, du sceau de la sagesse et du
cachet du temps; elles seront durables, car elles
seront opportunes, et seront accomplies par l'accord, par l'action simultanée d'un pouvoir vraiment national, et d'une représentation réelle et
non plus factice. — Nous aurons les avantages
d'une République , moins ses inconvénients. —
Par une décentralisation toujours progressive,
qui développera nos mœurs publiques, — si peu
formées, ou si mal formées, — nous aurons, suivant une expression de M. Keller, avec la Monarchie par en haut, la République par en bas.

La Majesté ancienne donnera la main aux
libertés nationales ; la vieille France embrassera
la jeune France. — Tous les schismes seront
abolis ; nous annulerons les conséquences funestes

de nos révolutions, pour ne conserver que les idées utiles et les résultats légitimes : comme le chercheur d'or, nous laverons la pépite, nous séparerons l'or de la fange, et le diamant de sa gangue.

XXV.

Henri V, Restaurateur Providentiel de la France.

La Révolution n'a su que détruire et diviser; il est temps de nous réunir et d'édifier, — en prenant, pour signe de ralliement des Français qui aiment vraiment la France, et pour architecte de notre édifice, cette Maison de Bourbon que l'on calomnie faute de la connaître dans ses membres actuels, et qui a le singulier privilége d'exciter les haines et de provoquer les colères de la Révolution. — Dieu, qui ne fait rien en vain, — « Dieu qui protége la France, » — n'a pas mis en réserve, sans un but secret d'amour pour notre pays, ce Prince dont la naissance trompa la fureur régicide de Louvel ; ce prince, qui, un an avant de pleurer le malheur du duc d'Orléans, avait lui-même été sauvé d'un péril en tout semblable à celui où perdit la vie ce duc non moins aimé qu'infortuné.

Henri de Bourbon, maintenant parvenu à la plénitude de la maturité, fut acclamé, à sa naissance, par les poëtes, — Lamartine en tête, notre Orphée contemporain, que l'on croirait prophète en cette circonstance, et qui, dans une ode admirable, l'appelle avec raison, « l'Enfant » du miracle.... héritier du sang d'un martyr. » — Voyez comme la strophe suivante s'applique bien aux temps actuels et à ceux dont nous venons de sortir :

> « Il vient quand les peuples, victimes
> » Du sommeil de leurs conducteurs,
> » Errent au *penchant des abîmes*
> » Comme des troupeaux *sans pasteurs.*
> » Entre un passé qui s'évapore,
> » Vers un avenir qu'il ignore,
> » L'homme nage dans un *chaos.*
> » Le doute égare sa boussole,
> » Le monde attend une parole,
> » La terre a besoin *d'un héros* (1). »

Ce que la poésie exprimait comme une espérance, nous pouvons le proclamer comme une certitude : Oui,

> « Il saura qu'aux jours où nous sommes
> » Pour vieillir aux trônes des Rois,
> » Il faut montrer, aux yeux des hommes,
> » Ses vertus auprès de ses droits (2). »

C'est, en beaux vers, la pensée qu'exprimait, en belle prose, M. Poujoulat, dans son *Histoire de la Révolution* (3) : « Il n'y a de possible, dé- » sormais, que des royautés entretenues par l'a- » mour et protégées par l'estime. »

(1) Lamartine, *Premières Méditations poétiques*, xviiⁱ.
(2) Lamartine, *ibid.*
(3) Deuxième et dernier volume.

Le poëte, heureusement inspiré, le compare à Joas, et, comme lui, le montre, trompant le crime, et s'élevant, pour ainsi dire, du fond d'un tombeau. — Et moi, poursuivant la comparaison, je le vois, comme Joas, conservé à dessein pour clore nos temps malheureux qui ont plus d'une triste ressemblance avec l'époque de corruption et de décadence des Achab, des Athalie, et des faux prophètes. Ah ! ces derniers ne se comptent pas dans notre société ! — Comme Joas fut appelé à faire le bonheur du peuple de Dieu, je vois Henri de Bourbon, — ayant à ses côtés les membres de la famille d'Orléans, — appelé aussi à faire le bonheur du pays, à présider à la reconstitution et à la régénération du peuple français, qui est aussi le peuple de Dieu ; — car il fut le premier peuple catholique sorti du chaos de la barbarie ; il se maintint le mieux dans la vraie foi chrétienne au travers de ses quatorze siècles d'existence ; il fut, — et il est encore, malgré ses écarts, — le principal foyer de la civilisation chrétienne dans tout l'univers ; — et nous pouvons dire, sans crainte de nous laisser aveugler par l'orgueil national, c'est par lui que Dieu a le plus agi dans le monde (*gesta Dei per Francos*).

C'est par le Peuple français, je l'espère, que Dieu, — après l'avoir châtié, purifié, retrempé, relevé enfin, — exécutera encore de ces grandes choses qui ont fait son mérite et sa gloire, et lui ont valu cette assistance spéciale qui l'a sauvé des dernières catastrophes où tant d'autres ont disparu. C'est par lui, et par celui qui montera sur le trône de Charlemagne, que sera reprise et restaurée l'œuvre de la France et de Charlemagne, l'œuvre qui intéresse la catholicité et la civilisation du monde entier : la souveraineté temporelle et l'indépendance spirituelle du Chef de l'Église. — Nous ne nous relèverons qu'en relevant le Pouvoir auguste que nous avons laissé tomber par notre faute, et avec lequel aussi nous sommes lourdement tombés. Notre force, — cette force qui nous fait défaut, — et dont M. Thiers nous montrait récemment l'étonnante et soudaine paralysie, ne nous reviendra que quand nous serons revenus à nos traditions, que quand nous aurons repris notre rôle dix fois séculaire, et que nous aurons renoué, par une fidélité nouvelle, les anneaux brisés d'une politique chrétienne et française en même temps.

XXVI.

Nouvelle ère de grandeur et de prospérité de la France Chrétienne et Monarchique.

Laissez-moi célébrer la France chrétienne, ô vous, révolutionnaires et impies qui l'avez presque étouffée ; qui, en l'attirant à vous, l'avez couverte de blessures, comme ces malheureux que le tyran Nabis envoyait embrasser le cruel mannequin automate qu'il avait inventé, et qui, sous de riches vêtements, cachait des pointes meurtrières! — Laissez-moi entrevoir, au travers de nos larmes, les grandeurs futures de la Patrie!

La France, c'est un arbre immense, étendant sur l'Europe et sur le monde, depuis quatorze siècles, et surtout depuis les Martel, les Pépin, les Charlemagne, les saint Louis, ses rameaux protecteurs et fructifiants, et son action civilisatrice. C'est l'Église qui a façonné la France, et c'est la France chrétienne qui a formé l'Europe chrétienne. — Oui, la France fut votre apôtre, votre sœur aînée, votre institutrice, votre marraine, j'allais dire votre mère, ô peuples oublieux et ingrats, qui voulez la mutiler et qui lui avez déchiré le sein. — Attendez que notre régénération s'accomplisse sous l'influence de ce christianisme complet qu'elle a su conserver, malgré les vicissitudes des temps et les orages des passions; attendez qu'elle s'accomplisse avec le concours de sa vieille Monarchie, de toute cette Maison de France, où resplendissent, en les membres qui la composent, les vertus, le dévouement, les aptitudes politiques, et les talents militaires. — Attendez que la France, en conservant précieusement les utiles conquêtes des temps modernes, se retourne vers tout ce qui fit sa grandeur et sa gloire dans le passé: — et alors forts, unis, doués d'une énergie nouvelle, nous marcherons, non plus en chancelant, mais d'un pas tranquille et ferme, et le cœur dilaté par l'espérance, — nous marcherons, malgré vous, s'il le faut, — vers un avenir réparateur, glorieux et assuré !

La France, heureuse au dedans, sera respectée au dehors ; sa parole retrouvera ses grands échos d'autrefois, et, — sans jamais tirer l'épée que par nécessité et pour des causes vraiment nationales, — rien que l'éclat de son glaive saura remporter des victoires.

XXVII.

Les intérêts de la France et ceux de l'Europe. — Il faut Henri V à l'Europe comme à la France. — Lorraine et Alsace ! — Le sang de Louis XVI

La grandeur de la France et son repos sont intimement liés à la paix et au bonheur de l'Europe ; ses commotions ont toujours eu d'affreux contre-coups dans le continent entier. — En reprenant sa place, en retrouvant une paix bien assise, en célébrant ses nouvelles noces avec sa Monarchie traditionnelle, elle ramène naturellement toutes choses dans la paix et dans l'ordre, en même temps qu'elle retrouve des alliances précieuses qui doublent ses forces, rehaussent sa puissance, — et qui feront toujours défaut à une France républicaine.

C'est donc votre intérêt à tous, ô peuples et gouvernements, qui trouvera sa satisfaction, en même temps que nous trouverons la nôtre. Votre intérêt sera, non-seulement de ne pas entraver la reconstitution monarchique de la France, mais aussi, de prévenir des revendications à main armée, — inévitables tôt ou tard, — par des restitutions volontaires et amicales, qui défendront mieux vos frontières que des annexions et des conquêtes.

Au lieu de vous épuiser en des luttes stériles, sanglantes et ruineuses, et de suivre une politique machiavélique, — reprenez votre dignité, faites régner la justice et l'honnêteté; affermissez l'autorité en la rendant toujours plus respectable; développez sagement les libertés publiques; avancez-vous dans les voies du vrai progrès, — voies fécondes, voies ouvertes à tous; — et sachez que les plus graves dangers des sociétés sont ceux dont vous vous préoccupez le moins : le scepticisme et la corruption, les sociétés secrètes et la révolution. Voilà vos grands ennemis du moment ! Veillez sur eux, et combattez-les sans relâche, au lieu de contracter leur alliance et de leur mendier les triomphes funestes d'une politique sans droiture ! — Voilà les minotaures qui, si vous n'y prenez garde, dévoreront, l'une après l'autre, les sociétés modernes !

Ah ! puissent les peuples et les Gouvernements éviter des liquidations violentes et désastreuses par des liquidations amiables et réglées par l'équité ! Puissent-ils comprendre que le véritable intérêt public n'est pas dans les satisfactions éphémères de l'ambition, mais dans la paix, et que la véritable paix ne se fonde que sur la justice ! Puissent-ils s'aider fraternellement les uns les autres à retrouver les conditions normales dans lesquelles les nations doivent vivre, pour pouvoir vivre longtemps dans l'harmonie ; elles seront de bien meilleures garanties de leur avenir et de leur sécurité, que des annexions violentes, contraires aux droits sacrés de l'humanité, qui déposent, dans tous les cœurs, des germes indestructibles d'où sortent, un jour ou l'autre, des guerres acharnées et formidables !

Puissent les peuples et les Gouvernements éviter, désormais, ces chocs terribles qui sont la honte et le fléau de l'humanité, le point de départ des haines nationales ; puissent-ils rétablir un arbitrage européen, sérieux et sincère ; se reconstituer en une société de nations, vivant sous la garantie d'une solidarité européenne et former, pour ainsi dire, une grande assurance mutuelle contre les incendies que l'ambition et l'orgueil voudraient encore allumer ! — Et le rêve de la paix universelle serait, au moins pour un temps, réalisé ; le règne de la fraternité chrétienne, franchissant les limites étroites de chaque empire, s'étendrait par le monde entier. Et notre siècle, s'achevant mieux qu'il n'a commencé, finirait par être un grand siècle !

Quoi qu'il puisse arriver, je ne vois que dans le retour de la France à la Monarchie des Bourbons le signe précurseur et le point de départ des nouvelles grandeurs de ma patrie. Par ce retour seulement, je la vois reprendre son rang, qui est le premier, dans le concert européen; par là seulement, je vois le terme de ses divisions, la réparation de ses maux, la satisfaction de ses aspirations légitimes, la régénération de sa vie, la garantie de son avenir, la reconstitution de ses frontières !

Oui, par la Monarchie traditionnelle, — par elle seule, — et sans guerre peut-être, — vous ressusciterez à la vie nationale et française, ô ma ville natale, ô ma chère Lorraine, et vous, sa digne sœur, patriotique Alsace, si française en dépit de la langue des aïeux !

Puis-je donner un meilleur appui à mes patriotiques espérances, qu'en rappelant cette sourde et significative opposition que fait M. de Bismark à l'avénement du comte de Chambord? — La conduite de nos ennemis ne parviendra-t-elle pas à nous ouvrir les yeux, et leurs antipathies ne nous feront-elles pas comprendre quelles doivent être nos préférences?

J'ai dit tout à l'heure qu'une grande liquidation était indispensable à l'Europe, pour retrouver la paix, la stabilité, le bonheur. Eh bien ! pour cette liquidation européenne, pour la liquidation intérieure de la France, il faut des liquidateurs honnêtes, éclairés, dévoués au bien public, dignes d'être écoutés : il nous faut, il faut Henri V à la France, il faut Henri V à l'Europe !

La France monarchique est marquée du signe des martyrs; donc, à elle, la vie et l'avenir ! Non, le sang des martyrs n'est jamais stérile! Le sang de Louis XVI, de Marie-Antoinette, de Madame Élisabeth, le long martyre de l'Enfant royal, le sang de tant d'illustres Français, après avoir produit sa vertu expiatoire, produira sa vertu rédemptrice et régénératrice. — La France et la Monarchie ont, ensemble, versé un sang pur et généreux, qui, par avance, a, comme un ciment inaltérable, rejoint et reconstitué ensemble la France et la Monarchie : — le salut a toujours été et sera toujours dans le sang.

XXVIII.

**Appel au bon sens, à l'expérience, au patriotisme. —
Question de vie ou de mort! — Invocation.**

Maintenant, Français, réfléchissez, pesez, parlez, et décidez. — Faites taire tout esprit de système, toute prévention de parti ; imposez silence aux antipathies instinctives et aux enthousiasmes irréfléchis. Regardez autour de vous, voyez les abaissements et les malheurs de la France; voyez les périls qu'elle court, voyez ceux auxquels elle vient d'échapper, voyez ses ennemis qui couvrent une grande partie de son territoire, et qui attendent les milliards qu'ils ont exigés d'elle ; voyez ses finances épuisées, tant de populations ruinées, dans ses villes et dans ses campagnes ; et surtout, n'oubliez pas que l'on a ravi, à la France, deux filles chéries, nobles et fières victimes, inconsolables dans leur malheur! N'oubliez pas la Lorraine et l'Alsace! — Ayez pitié des malheurs de la France, prenez garde de les aggraver encore par la décision que vous prendrez! Entrez dans le sanctuaire de la conscience, redressée, éclairée par la sagesse, l'expérience et le patriotisme, et recueillez avec respect les oracles qu'elle vous rendra.

Vous vous plaignez amèrement et justement de Napoléon; vous vous êtes plaints de tous vos Gouvernements, et vous les avez renversés les uns après les autres.—Mais tous ces Gouvernements plus ou moins défectueux, mais toutes ces constitutions mobiles comme des décors de théâtre, — quoiqu'elles dussent être immortelles,—sont votre ouvrage, la conséquence des prémisses que vous avez adoptées. — Quand donc deviendrez-vous sages, et trouverez-vous ce qu'il vous faut ? — N'est-ce pas encore assez de quatre-vingts ans d'expériences? — Où en sommes-nous, grand Dieu ! Où ont abouti tant de recherches et de révolutions, tant de crimes et de guerres, tant de ruines, de convulsions, de catastrophes? — Qu'attendez-vous encore pour mettre votre intérêt d'accord avec votre raison?—Ne serez-vous éclairés suffisamment, sur le mode de constitution qui vous convient, que quand vous aurez attiré, sur vos têtes, des maux irréparables, contre lesquels il n'y aura plus de remède possible? — Qu'attendez-vous pour revenir à votre principe royal, pour trouver en lui le trait d'union qui

joindra ensemble, fortement et harmonieuse-
ment, l'ordre et la liberté ? — Ah ! oui, combattez les abus avec franchise et persévérance ;
vous en aurez à combattre partout et toujours,
dans la famille comme dans l'État, et dans un
grand État bien plus nécessairement que dans un
petit. — Mais souvenez-vous qu'en détruisant,
comme vous l'avez fait, les institutions pour sup-
primer les abus, vous ressemblez parfaitement à
un médecin, digne hôte de Charenton, qui tuerait
les hommes, non-seulement pour guérir leurs
maladies, mais pour avoir raison de leurs duril-
lons ! — Fondez, conservez, corrigez et amélio-
rez, — et cessez de faire de la France un abat-
toir de trônes et de constitutions ! Songez qu'en
frappant les Gouvernements, vous frappez du
même coup le pouvoir et la société ; vous frappez le corps, en frappant la tête ! — Depuis
quatre-vingts ans, vous vous consumez en stériles
efforts, vous épuisez les forces sociales ; et les
événements terribles et lamentables qui viennent de s'accomplir, comme des signes diagnos-
tiques irrécusables, nous montrent la vie s'é-
chappant de plus en plus de la société.

*L'heure est solennelle et jamais les circons-
tances n'ont été aussi graves.* Du parti que nous
prendrons, sortira le salut ou la mort. — Sur la
foi de faux prophètes, nous avons cru ramener,
au milieu de nous, les temps de l'âge d'or : nous
n'avons trouvé qu'un âge de fer. Les écouterons-
nous encore, ces conseillers de malheur ? —

Moins heureux que les Hébreux, qui n'errèrent que quarante ans dans le désert, nous sommes, depuis quatre-vingts ans, égarés dans les déserts arides et mouvants où la main de la Révolution nous a conduits, en se jouant de notre crédulité ; — depuis quatre-vingts ans, nous errons à la recherche de la terre promise : aujourd'hui, il ne dépend que de nous d'y faire définitivement notre entrée.

Qu'à l'Aigle, emblème trop fidèle des guerres et de la domination absolue ; qu'à l'Aigle qui, trop souvent, s'est changé en vautour, succède le Lis, emblème de la paix, de la droiture, de la majesté véritable, et de l'autorité douce et bienfaisante !

Heureux si je pouvais contribuer à éclairer quelques-uns de mes compatriotes sur le problème de vie ou de mort qui se dresse impérieusement devant la France, et réclame d'*urgence* une solution ! — Heureux si je pouvais, dans une mesure quelconque, contribuer au salut, à la grandeur et à la félicité de cette France, à laquelle on se sent, si justement, fier d'appartenir, et que, comme une mère chérie, on aime d'autant plus tendrement et passionnément, qu'on la voit s'affaiblir de plus en plus sous les coups répétés de la maladie, et se consumer dans des souffrances toujours plus aiguës, plus générales, et plus menaçantes pour l'avenir ! — Français, j'ai satisfait mon cœur : à chaque Français maintenant de faire son devoir !

Si j'ai eu, sans le vouloir, en exposant mes arguments, le malheur de contrister quelques-uns de mes compatriotes, et de froisser d'honnêtes opinions, qu'ils ne m'en gardent pas rancune; — qu'ils considèrent que l'amour de mon pays a été mon unique mobile. — Si je n'ai pas réussi à produire la conviction dans leurs esprits, qu'ils ne concluent pas contre la bonté de ma cause, mais seulement contre ma capacité à la bien défendre, et qu'il me reste, au moins, la consolation de penser que, si nous sommes divisés quant aux voies et moyens de procurer le bien de la Patrie, nous restons en communauté de sentiments, de désirs et de patriotisme.

Que Dieu, qui aime et protége la France, que Dieu, qui lui a suscité les Geneviève et les Clotilde, les Charlemagne, les saint Louis et les Jeanne d'Arc, daigne écouter la grande voix des prières qui s'élèvent vers lui de tous les cœurs français; — qu'Il écoute le cri de nos supplications et de notre repentir; qu'Il exauce ces prières qui sont véritablement celles de toute la Nation, — car elles ont été, cette fois, décrétées par l'Assemblée de nos Représentants;—qu'Il les exauce à la recommandation de Celle que la France s'est donnée pour Patronne, et dont le culte lui fut toujours cher; qu'Il les exauce à la recommandation de nos illustres martyrs des temps anciens et modernes; qu'Il les exauce enfin par l'intercession de nos nouveaux martyrs d'hier, dont la France a vengé la mort et dont

ellé pleure la perte ! — Pour sauver la France
de ses périls, pour la délivrer de tous ses ennemis, qu'Il daigne encore accomplir, s'il en est
besoin, des miracles en sa faveur !

« Puisse l'astre éclatant où brille sa puissance,
» Ne rien voir, dans son cours, de plus grand que la
[France » (1).

NOËL VÉJAL,
Un enfant de la Lorraine.

25 août 1871, fête de saint Louis.

(1) Castel, *Les Plantes.*

APPENDICE

DERNIERS MANIFESTES DU COMTE DE CHAMBORD.

Nous ne pouvons mieux clore ce modeste travail, — dont le seul mérite est d'être une œuvre de bonne volonté, — un cri patriotique sorti du cœur d'un Français, — qu'en laissant la parole au descendant de saint Louis et au petit-fils de Henri IV, au Prince qui, dès l'âge de vingt ans, aimait à se dire « Français de la tête aux pieds. » — Nous reproduisons donc ses plus récents manifestes, qui, sortis de l'exil ou datés de Chambord, ont causé une trop vive et trop profonde sensation, provoqué trop d'attendrissement chez les uns, de colères chez les autres, pour que nous ne voyions pas, dans l'émotion générale qu'ils ont soulevée, et dans l'abrogation des lois d'exil que l'Assemblée nationale a votée, un premier pas vers la solution que, dans l'intérêt de la France, nous appelons de nos vœux les plus ardents, le gage certain d'une complète réparation, et le présage d'une heureuse et prochaine réconciliation de la France et de la Monarchie traditionnelle.

Notre but étant de faire connaître, autant qu'il dépend de nous, le *Roi légitime* de la France, sur lequel, trop longtemps, hélas! l'exil et nos révolutions ont projeté des ombres fatales, pouvons-nous mieux faire qu'en le laissant parler lui-même? — A mesure qu'IL sera mieux connu, à mesure que pénétreront, dans les cœurs français, les nobles accents de cette grande voix qui est réellement la voix d'un « cœur de Roi et de père, » Henri V deviendra, pour tous : Henri le Bon, — le Grand, — et surtout Henri le Désiré !

Proclamation du 9 octobre 1870.

« Français, vous êtes de nouveau maîtres de vos destinées.

» Pour la quatrième fois depuis moins d'un demi-siècle, vos institutions politiques se sont écroulées, et nous sommes livrés aux plus douloureuses épreuves.

» La France doit-elle voir le terme de ces agitations stériles, source de tant de malheurs? C'est à vous de répondre.

» Durant les longues années d'un exil immérité, je n'ai pas permis un seul jour que mon nom fût une cause de division et de trouble; mais aujourd'hui qu'il peut être un gage de conciliation et de sécurité, je n'hésite pas à dire à mon pays que je suis prêt à me dévouer tout entier à son bonheur.

» Oui, la France se relèvera, si, éclairée par les leçons de l'expérience, lasse de tant d'essais infructueux, elle consent à rentrer dans les voies que la Providence lui a tracées.

» Chef de cette maison de Bourbon, qui, avec l'aide de Dieu et de vos pères, a constitué la France dans sa puissante unité, je devais ressentir, plus profondément que tout autre, l'étendue de nos désastres, et mieux qu'à tout autre, il m'appartient de les réparer.

» Ne l'oubliez pas : c'est par le retour à ses traditions de foi et d'honneur, que la grande nation, un moment affaiblie, recouvrera sa puissance et sa gloire.

» Je vous le disais naguère : gouverner ne consiste

pas à flatter les passions des peuples, mais à s'appuyer sur leurs vertus.

» Ne vous laissez plus entraîner par de fatales illusions. Les institutions républicaines, qui peuvent correspondre aux aspirations de sociétés nouvelles, ne prendront jamais racine sur notre vieux sol monarchique.

» Pénétré des besoins de mon temps, toute mon ambition est de fonder, avec vous, un Gouvernement vraiment national, ayant le droit pour base, l'honnêteté pour moyen, la grandeur morale pour but.

» Effaçons jusqu'au souvenir de nos dissensions passées, si funestes au développement du véritable progrès et de la vraie liberté.

» Français, qu'un seul cri s'échappe de notre cœur :

» *Tout pour la France, par la France et avec la France!*

» HENRI. »

9 octobre 1870.

Lettre à M. de Carayon-la-Tour.

« Comme vous, mon cher ami, j'assiste, l'âme navrée, aux cruelles péripéties de cette abominable guerre civile, qui a suivi de si près les désastres de l'invasion.

» Je n'ai pas besoin de vous dire combien je m'associe aux tristes réflexions qu'elle vous inspire, et combien je comprends vos angoisses.

» Lorsque la première bombe étrangère éclata sur Paris, je ne me suis plus souvenu que des grandeurs de la ville où je suis né : j'ai jeté au monde un cri de douleur qui a été entendu ; je ne pouvais rien de plus, et aujourd'hui, comme alors, je suis réduit à gémir sur les horreurs de cette guerre fratricide.

» Mais ayez confiance, les difficultés de cette douloureuse entreprise ne sont pas au-dessus de l'héroïsme de notre armée.

» Vous vivez, me dites-vous, au milieu d'hommes de tous les partis, préoccupés de savoir ce que je veux, ce que je désire, ce que j'espère.

» Faites-leur bien connaître mes pensées les plus intimes, et tous les sentiments dont je suis animé.

» Dites-leur que je ne les ai jamais trompés, que je ne les tromperai jamais, et que je leur demande, au nom de la civilisation, au nom du monde entier, témoin de nos malheurs, d'oublier nos dissensions, nos préjugés et nos rancunes.

» Prémunissez-les contre les calommies répandues dans l'intention de faire croire que, découragé par l'excès de nos infortunes, et désespérant de l'avenir de mon pays, j'ai renoncé au bonheur de le sauver.

» Il sera sauvé, le jour où il cessera de confondre la licence avec la liberté ; il le sera surtout quand il n'attendra plus son salut de ces gouvernements d'aventure, qui, après quelques années de fausse sécurité, le jettent dans d'effroyables abîmes.

» Au-dessus des agitations de la politique, il y a une France qui souffre, une France qui ne veut pas périr, et qui ne périra pas ; car lorsque Dieu soumet une nation à de pareilles épreuves, c'est qu'il a encore sur elle de grands desseins.

» Sachons reconnaître aussi que l'abandon des principes est la vraie cause de nos désastres.

» Une nation chrétienne ne peut pas impunément déchirer les pages séculaires de son histoire, rompre la chaîne de ses traditions, inscrire en tête de sa constitution la négation des droits de Dieu, bannir toute pensée religieuse de ses codes et de son enseignement public. Dans ces conditions, elle ne fera jamais qu'une halte dans le désordre ; elle oscillera perpétuellement entre le césarisme et l'anarchie, ces deux formes également honteuses des décadences

païennes, et n'échappera pas au sort des peuples in-
fidèles à leur mission.

» Le pays l'a bien compris, quand il a choisi pour
mandataires des hommes éclairés comme vous sur
les besoins de leur temps, mais non moins pénétrés
des principes nécessaires à toute société qui veut
vivre dans l'honneur et dans la liberté.

» C'est pourquoi, mon cher ami, malgré ce qui
reste de préjugés, tout le bon sens de la France
aspire à la Monarchie. Les lueurs de l'incendie lui font
apercevoir son chemin ; elle sent qu'il lui faut l'ordre,
la justice, l'honnêteté ; et qu'en dehors de la Monarchie
traditionnelle, elle ne peut rien espérer de tout cela.

» Combattez avec énergie les erreurs et les préventions qui trouvent un accès trop facile jusque dans
âmes les plus généreuses.

» On dit que je prétends me faire décerner un
pouvoir sans limite. Plût à Dieu qu'on n'eût pas ac-
cordé si légèrement ce pouvoir à ceux qui, dans les
jours d'orage, se sont présentés sous le nom de sau-
veurs ! Nous n'aurions pas la douleur de gémir aujourd'hui sur les maux de la patrie.

» Ce que je demande, vous le savez, c'est de travailler à la régénération du pays ; c'est de donner
l'essor à toutes ses aspirations légitimes ; c'est, à la
Tête de toute la Maison de France, de présider à ses
destinées, en soumettant avec confiance les actes du
gouvernement au sérieux contrôle de représentants
librement élus.

» On dit que la Monarchie traditionnelle est in-
compatible avec l'égalité de tous devant la loi.

» Répétez bien que je n'ignore pas à ce point les leçons de l'histoire et les conditions de la vie des peuples. Comment tolérerais-je des priviléges pour d'autres, moi qui ne demande que celui de consacrer tous
les instants de ma vie à la sécurité et au bonheur de
la France, et d'être toujours à la peine avant d'être
avec elle à l'honneur ?

» On dit que l'indépendance de la Papauté m'est chère, et que je suis résolu à lui obtenir d'efficaces garanties. On dit vrai.

» La liberté de l'Église est la première condition de la paix des esprits et de l'ordre dans le monde. Protéger le Saint-Siége fut toujours l'honneur de notre patrie, et la cause la plus incontestable de sa grandeur parmi les nations. Ce n'est qu'aux époques de ses plus grand malheurs que la France a abandonné ce glorieux patronage.

» Croyez-le bien, je serai appelé non-seulement parce que je suis le droit, mais parce que je suis l'ordre, parce que je suis la réforme, parce que je suis le fondé de pouvoirs nécessaire, pour remettre en sa place ce qui n'y est pas, et gouverner avec la justice et les lois, dans le but de réparer les maux du passé et de préparer enfin un avenir.

» On se dira que j'ai la vieille épée de la France dans la main, et dans la poitrine ce cœur de Roi et de père qui n'a point de parti.

» Je ne suis point un parti, et je ne veux pas revenir pour régner par un parti. Je n'ai ni injure à venger, ni ennemis à écarter, ni fortune à refaire, sauf celle de la France, et je puis choisir partout les ouvriers qui voudront loyalement s'associer à ce grand ouvrage.

» Je ne ramène que la Religion, la concorde et la paix. Je ne veux exercer de dictature que celle de la clémence, parce que, dans mes mains seulement, la clémence est encore la justice.

» Voilà, mon cher ami, pourquoi je ne désespère pas de mon pays, et pourquoi je ne recule pas devant l'immensité de la tâche.

» La parole est à la France, et l'heure à Dieu.

» HENRI.

» 9 mai 1871. »

Proclamation du 5 juillet 1871.

« Français ! Je suis au milieu de vous. Vous m'avez ouvert les portes de la France et je n'ai pu me refuser le bonheur de revoir ma patrie. — Mais je ne veux pas donner, par ma présence prolongée, de nouveaux prétextes à l'agitation des esprits, si troublés en ce moment. — Je quitte donc ce Chambord que vous m'avez donné et dont j'ai porté le nom avec fierté depuis quarante ans, sur les chemins de l'exil. — En m'éloignant, je tiens à vous le dire, je ne me sépare pas de vous, la France sait que je lui appartiens. — Je ne puis oublier que le droit est le patrimoine de la nation, ni décliner les devoirs qu'il m'impose envers elle. — Ces devoirs, je les remplirai, croyez-en ma parole d'honnête homme et de Roi. — Dieu aidant, nous fonderons ensemble et quand vous le voudrez, sur les larges assises de la décentralisation administrative et des franchises locales, un gouvernement conforme aux besoins réels du pays. — Nous donnerons pour garantie à ces libertés publiques, auxquelles tout peuple chrétien a droit, le suffrage universel honnêtement pratiqué et le contrôle des deux Chambres, et nous reprendrons, en lui restituant son caractère véritable, le mouvement national de la fin du dernier siècle. — Une minorité révoltée contre les vœux du pays en a fait le point de départ d'une période de démoralisation par le mensonge et de désorganisation par la violence. Ses criminels attentats ont imposé la révolution à une nation, qui ne demandait que des réformes, et l'ont dès lors poussée vers l'abîme où hier elle eût péri, sans l'héroïque effort de notre armée. — Ce sont les classes laborieuses, ces ouvriers des champs et des villes, dont le sort a fait l'objet de mes plus vives préoccupations et de mes plus chères études, qui ont le plus souffert de ce désordre social. —

11.

Mais la France, cruellement désabusée par des désastres sans exemple, comprendra qu'on ne revient pas à la vérité en changeant d'erreur; qu'on n'échappe pas par des expédients à des nécessités éternelles. — Elle m'appellera et je viendrai à elle tout entier, avec mon dévouement, mon principe et mon drapeau. — A l'occasion de ce drapeau, on a parlé de conditions que je ne dois pas subir.

» Français! Je suis prêt à tout, pour aider mon pays à se relever de ses ruines et à reprendre son rang dans le monde; le seul sacrifice que je ne puisse lui faire, c'est celui de mon honneur. — Je suis et veux être de mon temps; je rends un sincère hommage à toutes ses grandeurs, et, quelle que fût la couleur du drapeau sous lequel marchaient nos soldats, j'ai admiré leur héroïsme et rendu grâce à Dieu de tout ce que leur bravoure ajoutait au trésor des gloires de la France. — Entre vous et moi, il ne doit subsister ni malentendu ni arrière-pensée.

Non, je ne lais serai pas, parce que l'ignorance ou la crédulité auront parlé de priviléges, d'absolutisme et d'intolérance, que sais-je encore? de dîme, de droits féodaux, fantômes que la plus audacieuse mauvaise foi essaie de ressusciter à vos yeux, je ne laisserai pas arracher de mes mains l'étendard de Henri V, de François Ier et de Jeanne d'Arc. — C'est avec lui que s'est faite l'unité nationale, c'est avec lui que vos pères, conduits par les miens, ont conquis cette Alsace et cette Lorraine dont la fidélité sera la consolation de nos malheurs. — Il a vaincu la barbarie sur cette terre d'Afrique, témoin des premiers faits d'armes des Princes de ma Famille; c'est lui qui vaincra la barbarie nouvelle dont le monde est menacé. — Je le confierai sans crainte à la vaillance de notre armée; il n'a jamais suivi, elle le sait, que le chemin de l'honneur. — Je l'ai reçu comme un dépôt sacré du vieux Roi mon aïeul, mourant en exil; il a toujours été pour moi inséparable du souvenir de la patrie absente; il a flotté sur mon berceau, je veux qu'il ombrage ma tombe. — Dans les plis glorieux de cet étendard sans tache, je vous apporterai l'ordre et la liberté.

» Français! Henri V ne peut abandonner le drapeau blanc de Henri IV.

» HENRI. »

Chambord, 5 juillet 1871.

FIN.

TABLE.

FIN DE LA TABLE.

Imprimerie de L. Toinon, à Saint-Germain.

» Rome, notre Rome, est vivante dans ces pages toutes vibrantes de ses profondes et majestueuses harmonies. L'auteur ne possède pas seulement les connaissances variées de l'historien et les sûres lumières du docteur catholique, il a encore au degré le plus éminent le don de l'artiste, ce sens exquis et rare qui pénètre les choses, qui en saisit les secrètes beautés et qui les livre à nos regards. Il nous rend compte du charme mystérieux de Rome, il l'accroît en le divulguant. Sa langue est digne des majestueuses douceurs de la ville sainte; c'est une langue sereine, mélodieuse, admirablement pure, dont le caractère fondamental est la grâce, mais qui atteint sans effort et comme naturellement à toutes les hauteurs. Nous n'avons point aujourd'hui d'écrivain plus parfait que Mgr l'évêque de Perpignan, et jamais la poésie de Rome n'a eu d'interprète qu'on lui puisse comparer. »

(Louis VEUILLOT, le Parfum de Rome.)

On regrettait depuis longtemps qu'il n'y eût pas une édition in-12 de cet excellent ouvrage. Celle que nous avons publiée en permettra l'acquisition aux personnes pour lesquelles l'édition de bibliothèque en 2 volumes in-8 était d'un prix trop élevé.

MÉMORANDUM DES CATHOLIQUES FRANÇAIS

SUR LES MENACES DU PIÉMONT CONTRE ROME

Par Mgr GERBET, évêque de Perpignan.

Grand in-8. — Prix : 2 fr.

La logique puissante et le style élevé qui caractérisent les productions de Mgr Gerbet se retrouvent à un haut degré dans cet écrit de l'illustre prélat. Nous ne pouvons donner une meilleure idée de cette brochure qu'en reproduisant l'avant-propos dont l'auteur l'a fait précéder.

« Nous croyons que les défenseurs du saint-siége ne doivent pas se taire, lorsqu'ils entendent le langage de certains journaux en crédit que nous n'avons pas besoin de nommer. D'un autre côté, le gouvernement de l'Italie, persistant dans ses projets contre Rome, vient de déclarer qu'il ne peut en espérer la réussite qu'autant qu'ils seraient appuyés, en France, par une puissante opinion publique, et il en conclut qu'il faut travailler, par tous les moyens possibles, à former cette opinion. Ne devons-nous pas en conclure qu'il est toujours à propos de travailler sans relâche dans le sens opposé?

» On ne trouvera pas trop ambitieux, nous l'espérons, le titre de cette brochure. Il signifie simplement que, suivant notre profonde conviction, une très-grande partie des catholiques français pensent ce que nous disons, et que, sans être leur organe officiel, nous sommes du moins leur fidèle interprète.

» Du reste, cet écrit ne rentre point dans les considérations générales sur la légitimité et l'intégrité des droits du saint-siége : cette matière est épuisée pour la bonne foi. Nous prenons la question dans les limites où elle se présente actuellement en face des prétentions ennemies. »

LA GRANDE QUESTION DU JOUR

LA LIBERTÉ

Par Mgr DE SÉGUR

1 vol. in-18 de 316 pages. — Prix : 1 fr. — (franco), 1 fr. 25 cent.

Je dédie cet opuscule à tous les esprits honnêtes qui aiment la vérité et qui la cherchent sincèrement. Je ne l'ai point fait pour les gens passionnés, pour les hommes de partis. Il s'adresse uniquement aux chrétiens dévoués de cœur à l'Eglise et qu'une étude un peu approfondie de ces difficiles matières préservera plus efficacement des erreurs qui ont cours aujourd'hui.

Tout le monde croit connaitre la question de la *liberté* ; au moins, tout le monde en parle. Est-ce parce qu'on l'a étudiée? Hélas! on n'en parle que parce que tout le monde en parle, et parce que, de nos jours surtout, on ne peut guère n'en pas parler. De longues études, des discussions très-sérieuses, m'ont convaincu que, parmi ceux-là même qui en parlent le plus, il y en a bien peu qui se donnent la peine d'approfondir ce grave sujet. Pour moi, sans me flatter d'avoir levé toutes les difficultés, je puis du moins me rendre le témoignage d'avoir cherché la vérité avec grand amour et sans parti pris, et d'apporter ici aux difficultés qui se présentent ordinairement une solution capable de satisfaire et la foi et la raison.

(Extrait de la Préface.)

LA DIVINITÉ DE L'ÉGLISE
Par Mgr DE SALINIS
ÉVÊQUE D'AMIENS, ARCHEVÊQUE D'AUCH

PRÉCÉDÉE DE SA VIE, PAR M. L'ABBÉ DE LADOUE, ANCIEN VICAIRE GÉNÉRAL D'AMIENS ET D'AUCH

5 forts volumes in-8. — Prix : 25 fr.

EN VENTE SÉPARÉMENT :

SA VIE, 1 v. in-8, 6 fr. — LA DIVINITÉ DE L'ÉGLISE, 4 v. in-8, 20 fr.

L'ouvrage que nous publions sous le titre de *la Divinité de l'Église* a été composé par l un de plus savants évêques de ces derniers temps; c'est le fruit des études de sa vie tout entière. On trouvera, dans les quatre volumes qui le composent, un résumé complet de l'apologétique chrétienne. Toutes les questions à l'ordre du jour de la polémique contemporaine, même les plus récentes, y sont traitées avec cette largeur de vues, cette supériorité d'intelligence, cet éclat de style qui formaient le caractère distinctif du talent de l'auteur.

Le livre est divisé en quatre parties.

Dans une brillante *Introduction*, l'auteur jette un coup d'œil d'ensemble sur le sujet qu'il va traiter; il explique la place que l'Église occupe dans l'économie de ce monde, dont elle est comme la pensée divine. Il dessine ensuite les contours de son sujet, en trace les lignes principales et expose la méthode qu'il compte suivre.

La première partie est consacrée à défendre l'existence de Dieu contre les attaques de l'athéisme; à établir la nécessité d'une religion révélée, et les obligations qui découlent de cette manifestation de la volonté divine.

Dans la seconde partie, l'auteur démontre la mission divine de Jésus-Christ en recueillant les témoignages que tous les siècles rendent à sa divinité. On ne trouvera nulle part, croyons-nous, un ensemble de preuves aussi satisfaisant, une meilleure réponse à un livre déjà oublié, à des blasphèmes qui ne sauraient s'oublier sitôt.

L'objet de la troisième partie est de venger l'autorité de l'Eglise des attaques intéressées de l'hérésie. Le vice radical du système protestant, ses erreurs doctrinales, ses variations successives, ses funestes conséquences dans l'ordre moral et dans l'ordre social, y sont dévoilés avec une inflexible logique.

La quatrième partie, la plus neuve, la plus appropriée aux préoccupations actuelles, est consacrée à exposer, au point de vue théorique et au point de vue historique, les rapports de l'Eglise avec les sociétés temporelles.

Telle est, dans son magnifique ensemble, cette œuvre vraiment capitale.

MONSEIGNEUR GERBET
SA VIE, SES ŒUVRES ET L'ÉCOLE LAMENAISIENNE
Par M. l'abbé DE LADOUE

Ancien vicaire général de Perpignan, vicaire général d'Auch, d'Amiens, de Beauvais.

3 forts volumes in-8. — Prix : 15 francs.

M. l'abbé de Ladoue nous a donné, il y a quelques années, *la Vie de Mgr de Salinis*, il nous donne aujourd'hui celle de Mgr Gerbet. Tous ceux qui eurent le bonheur d'approcher ces deux saints Prélats lui seront reconnaissants d'avoir rempli ce devoir de piété filiale. Pour eux, ces deux ouvrages ont le doux et vif intérêt qui s'attache aux souvenirs des hommes que nous aimions et vénérions, et qui exercèrent sur notre vie une grande et salutaire influence. Pour les hommes plus jeunes, les récits de M. de Ladoue ne peuvent avoir cet attrait, mais ce ne sont point de simples biographies. Ils contiennent, sur tout ce qui s'est fait d'important dans l'Eglise de France en ce siècle, des renseignements précieux qu'on ne trouverait pas ailleurs, et quiconque voudra connaître exactement son histoire devra les consulter. La *Vie de Mgr Gerbet* surtout est instructive sous ce rapport. Elle donne, dans le plus grand détail, toute l'histoire de l'école lamenaisienne, et cette partie intéressera particulièrement nos lecteurs.

(*Univers*, 9 novembre 1869.)

LA STRATÉGIE DE M RENAN.
ÉCRIT POSTHUME DE Mgr GERBET.
1 vol. in-18 jésus, 2 fr. franco.

Ce n'est pas un livre spécial, ce n'est pas une réfutation particulière d'un certain nombre d'erreurs plus ou moins dangereuses, ce n'est pas un opuscule de circonstance que cette *Stratégie de M. Renan*. C'est un livre dont la renommée survivra à celle de l'œuvre qu'il attaque; c'est un livre fait pour durer, et pour durer longtemps; c'est un manuel qu'il faudra mettre entre les mains des jeunes gens, en leur disant : « Voilà de quels vêtements se couvre l'erreur. Apprenez à vous défier d'elle et à la reconnaitre sous tous ces habits d'emprunt. Et vous-mêmes, sachez désormais éviter le sophisme et le laisser aux seuls ennemis de la vérité et de la foi. »

LÉON GAUTIER (*Monde*).

LE SOUVERAIN PONTIFE
Par Mgr DE SÉGUR.
SEPTIÈME ÉDITION.
1 beau vol. in-18 raisin de 300 pages. — Prix : 1 fr.; franco 1 fr. 20 c.

« Mgr de Ségur a, pour parler du pape, un vrai privilége. Jamais son style si simple et si entraînant, jamais sa pensée si ferme et si droite, jamais son cœur de chrétien et son âme de prêtre n'ont plus d'élan, plus d'éclat, plus de bonheur que quand le pieux et zélé écrivain épanche au service du saint-siége les trésors de sa foi, de sa science et de son zèle.

» Voici un nouveau livre de lui sur *le Souverain Pontife*. Ce livre est « tout d'or, » comme eût dit l'antiquité. Il est court, ce qui convient à la brièveté de notre temps et s'accommode à notre légèreté affairée. Il est substantiel, ce qui est nécessaire aux esprits faibles, à qui il faut un aliment vigoureux sous un volume restreint. Il est puisé aux sources les plus sûres et il contient, en trois cents pages, outre des arguments invincibles, les citations les plus décisives des conciles, des pères, des docteurs et des papes.

»C'est un enseignement et c'est une controverse. La leçon, le précepte, le dogme précèdent la solution des objections à la fois les plus relevées et les plus vulgaires : ces dernières faisant souvent plus de mal que les autres.

» J'ai dit : un enseignement, et je le maintiens : car ce livre contient tout ce qu'un catholique doit croire du « souverain pontife, » tout ce qu'un homme de sens en doit penser. Il traite du pape comme chef de l'Eglise, comme vicaire de N. S. J. C. sur la terre; c'est le dogme catholique de l'autorité suprême du pape » qu'il expose et qu'il développe.

» A dessein Mgr de Ségur a laissé de côté la question du pouvoir temporel. On sait d'ailleurs comme il l'a admirablement défendue dans une autre de ces populaires publications où il excelle. Ici il a tenu à s'occuper uniquement de la question dogmatique, qui « est l'âme de la question du pouvoir temporel. » C'est dire combien la diffusion de cet écrit est utile, est nécessaire. »   (Extrait de *l'Union*.)

Sa Sainteté Pie IX vient de confirmer la doctrine de cet écrit par un bref très-explicite adressé à Mgr de Ségur.

LES CONGRÉGATIONS RELIGIEUSES ET LE PEUPLE
Par le comte ANATOLE DE SÉGUR.
In-8. — Prix : 1 fr. 25 c.

TABLE DES MATIÈRES. — I. Introduction. — II. Les Jésuites. — III. Les Dominicains. — IV. Les Capucins. — V. Richesses et scandales des Congrégations. — VI. Conclusion.

Ce travail, vraiment remarquable, et dont on ne saurait trop recommander la lecture, met à néant les attaques de la mauvaise presse contre les Congrégations religieuses ; il est d'une utilité incontestable dans les circonstances actuelles, où l'esprit de parti et la mauvaise foi cherchent à amener la ruine de toutes les institutions catholiques.

OUVRAGES DE Mgr DE SÉGUR

Au soldat en temps de guerre. In-8.............. 05 c.
    Par la poste.............. 10 c.
Causeries sur le Protestantisme. 1 vol. in-18.............. 60 c.
    Par la poste.............. 70 c.
Le Concile. In 18.............. 20 c.
    Par la poste.............. 30 c.
La Confession. In-18.............. 20 c.
    Par la poste.............. 30 c.
Conseils sur la Confession. In-18.............. 10 c.
    Par la poste.............. 15 c.
— sur la communion. In-18. 15 c.
    Par la poste.............. 20 c.
— sur la piété. In-18.............. 30 c.
    Par la poste.............. 40 c.
— sur la prière. In-18.............. 20 c.
    Par la poste.............. 30 c.
— sur les tentations. In-18. 30 c.
    Par la poste.............. 40 c.
Le Denier de S.-Pierre. In-18. 05 c.
    Par la poste.............. 10 c.
La Divinité de J.-Christ. In-18 20 c.
    Par la poste.............. 30 c.
L'Église. In-18.............. 10 c.
    Par la poste.............. 15 c.
L'Enfant Jésus. In-18.............. 20 c.
    Par la poste.............. 30 c.
La Foi devant la science moderne. In-18.............. 40 c.
    Par la poste.............. 50 c.
Les Francs-Maçons. In-18.. 30 c.
    Par la poste.............. 40 c.
Grosses vérités. In-18.............. 10 c.
    Par la poste.............. 15 c.
Instructions familières et lectures du soir, 2 vol. in-12.............. 5 fr.
    Par la poste.............. 5 fr. 50 c.
Jésus-Christ. 1 vol. in-18... 60 c.
    Par la poste.............. 70 c.
La Liberté, 1 vol. in-18.............. 1 fr.
    Par la poste.............. 1 fr. 25 c.
La Messe. In-18.............. 40 c.
    Par la poste.............. 50 c.
Les objections populaires contre l'Encyclique. 1 vol. in-18.. 15 c.
    Par la poste.............. 25 c.
Le Pape. In-18.............. 15 c.
    Par la poste.............. 25 c.
Les Pâques. In-18.............. 05 c.
    Par la poste.............. 10 c.
La Passion de N.-S. Jésus-Christ. In-18.............. 15 c.
    Par la poste.............. 20 c.

Pie IX et ses noces d'or.............. 40 c.
    Par la poste.............. 50 c.
La Piété et la vie intérieure. —
— NOTIONS FONDAMENTALES. In-18.............. 25 c.
    Par la poste.............. 35 c.
— LE RENONCEMENT. In-18... 40 c.
    Par la poste.............. 50 c.
— LE CHRÉTIEN VIVANT EN JÉSUS. 1 vol. in-18 de 300 pages... 1 fr.
    Par la poste.............. 1 fr. 20
— NOS GRANDEURS EN JÉSUS. 1re partie. 1 v. in-18.............. 1 fr. 25
    Par la poste.............. 1 fr. 50
— NOS GRANDEURS EN JÉSUS. 2e partie. 1 vol. in-18.............. 1 fr. 25
    Par la poste.............. 1 fr. 50
La Piété enseignée aux enfants. 1 vol. in-18 *franco*.............. 3 fr.
La Présence réelle. In-18... 40 c.
    Par la poste.............. 50 c.
Prie-Dieu pour l'adoration du Saint-Sacrement. 1 beau v. in-32. 60 c.
    Par la poste.............. 70 c.
La Religion enseignée aux petits enfants. In-18.............. 20 c.
    Par la poste.............. 40 c.
Réponses aux objections les plus répandues contre la Religion. 1 vol. in-18.............. 50 c.
    Par la poste.............. 60 c.
— *Le même ouvrage*, édition de bibliothèque. 1 v. in-12.. 1 fr. 25
La Révolution. 1 vol. in-18.. 60 c.
    Par la poste.............. 70 c.
La Sainte-Vierge. 1 v. in-18. 75 c.
    Par la poste.............. 90 c.
Les Saints Mystères. In-18.. 60 c.
    Par la poste.............. 75 c.
Le Souverain-Pontife. 1 vol. in-18 de 300 pages.............. 1 fr.
    Par la poste.............. 1 fr. 20
Le Tiers-ordre de Saint-François. In-18.............. 20 c.
    Par la poste.............. 30 c.
La très-sainte Communion. In-18.............. 20 c.
    Par la poste.............. 30 c.
Les Volontaires de la prière. In-18, le Cent.............. 1 fr. 50
    Par la poste.............. 1 fr. 75
Y a-t-il un Dieu qui s'occupe de nous? In-18.............. 10 c.
    Par la poste.............. 15 c.